교회로 가는 길

바보 목사와 바보 성도들의
순전한 교회 개척 이야기

세움북스는 기독교 가치관으로 교회와 성도를 건강하게 세우는 바른 책을 만들어 갑니다.

동네 교회 이야기 시리즈 3

교회로 가는 길

바보 목사와 바보 성도들의 순전한 교회 개척 이야기

초판 1쇄 인쇄 2021년 12월 20일
초판 1쇄 발행 2021년 12월 25일

지은이 | 김병완
펴낸이 | 강인구

펴낸곳 | 세움북스
등 록 | 제2014-000144호
주 소 | 서울시 서대문구 연희로 160 (연희동) 3층 연희회관 302호
전 화 | 02-3144-3500
팩 스 | 02-6008-5712
이메일 | cdgn@daum.net

교 정 | 이윤경, 류성민
디자인 | 참디자인

ISBN 979-11-91715-13-2 (03230)

동네 교회 이야기 시리즈 3

교회로 가는 길

바보 목사와 바보 성도들의 순전한 교회 개척 이야기

김병완 지음

세움북스

이 글을 묶는 이유

현재 3040 세대는 한국 교회의 롤러코스터(roller coaste)를 경험한 세대입니다. 가파른 외적인 성장 뒤에 삽시간에 떨어지는 개신교의 신뢰도는 목회 지형에도 큰 변화를 일으켰습니다. 목회자들이 목회할 사역지가 별로 없고, 졸업한 신학생들은 갈 길을 잃었습니다.

2021년 1월 20일자 국민일보 기사에 따르면 전국 대학의 신학과 경쟁률이 평균 1:1 이하로 대부분 지원자를 추가 모집해야 했습니다. 10여 년 전 제가 신학교를 갈 때만 해도 지원자가 너무 많아 질적인 저하가 우려되었는데 이제는 신학교의 존폐를 걱정해야 할 때가 되었습니다. 과거 김남준 목사님의 명저 《자네, 정말 그 길을 가려나》를 사서 예비 신학생들에게 선물했던 이유는 누구도 쉽게 목회의 길에 들어서지 않도록 신경 쓴 마음에서였습니다. 그러나 이제는 목회로의 부르심을 일깨우고 계속해서 걸어갈 수 있도록 격려하는 이야기가 필요한 시대 같습니다.

저는 사실 목회를 말하기에는 사역의 경력도, 개척의 시간도 길지 않습니다. 부교역자 생활 5년에, 개척 교회 목사로서 4년 차를 보내고 있으니 그리 길지 않은 시간 목회를 해 왔습니다. 드라마틱한 성공도 없었고, 흥미를 유발할 만한 대단한 일을 이루지도 못했습니다. 그러나 저와 같은 사람도 하나님의 은혜를 말합니다. 한 발 한 발 내딛는 것이 실수요 실패였던 인생도 돌아보니 그 걸음마다 하나님의 동행하심이었습니다. 그 과정 가운데 저 한 사람을 양육해 오신 하나님의 지칠 줄 모르는 사랑이 있었습니다. 이 책은 그렇게 함께 길을 걸어가자고 제 SNS에 연재하였던 글 묶음입니다.

한 목사님께서 제 글에 댓글을 남겨 주셨습니다.

"하나님이 가장 관심을 두시는 일 중 하나가 목사를 사람 만드는 것 아닐까 생각합니다. 목사가 사람이 되어야 성도들을 조금이라도 올바르게 섬길 수 있기 때문이겠죠. 저도 주의 은혜로 아주 조금 사람이 되어 가는 것 같습니다."

정말이지 깊은 공감이 되었습니다. 저는 참 재밌게도 1만 명의 교회에서 사역을 시작해서 순차적으로 1천 명의 교회, 1백 명의 교회 그리고 지금 10여 명의 성도들과 함께 교회 공동체를 세워 가고 있습니다.

2012년 CAL(제자훈련) 세미나를 통해 옥한흠 목사님의 '한 사람' 철학을 가슴에 새겼습니다. 신기하게도 개척하고 첫해를 아내와 둘이서 예배했습니다. 제 앞에 물리적인 '한 사람'이 있었습니다. 그다음 새해 첫 주일에 한 가정이 더 왔고 다음 해를 준비하며 또 한 가정이 찾아왔습니다. 매년 한 가정씩 보내 주시면서 정말 한 영혼을 위한 사역을 할 수밖에 없었습니다. 하나님께서 말씀하시는 것 같더라고요.

"평소에 한 영혼을 위해 사역하고 싶다고 했지?"

"네? 그런 의미의 '한 영혼'이었나요?"

그런데 정말 감사했습니다. 한 영혼의 소중함을 배우게 되었거든요. 저희에게 한 영혼이 찾아오는 것은 누군가를 맞이할 준비가 되었다는 의미였습니다. 1년에 한 사람 교회 문을 두드렸다 가시더라도 그 자체로 하나님께 인정받는 것 같았습니다.

"참 잘했어요." (꾸욱)

아무것도 없이 시작했기에 모든 것이 감사했고, 그래서 은혜를 누리며 걸어온 것 같습니다. 하나님은 교회를 세워 가는 이 시간을 통해서 저와 제 가족에게 가장 큰 선물을 주셨습니다. 제가 자신 있게 말할 수 있는 것은 교회 개척의 가장 큰 수혜자는 언제나 목사와 그 가정이라는 사실입니다.

이 책은 걸어온 시간의 나열입니다. 그래서 글로 쓰는 것은 어렵지 않았습니다. 그렇기에 함께 어렵사리 걸어와 준 아내와 사랑하는 두 아들 하랑이, 하민이에게 이 자리를 빌려 고마움을 표현하며, 함께하는 성도들에게도, 잠시 머물다 가신 분들께도 감사한 마음을 전합니다.

함께해 온 모든 시간이 기뻤습니다.
2021년 인계동에서 김병완 올림

추천사

신앙의 이름으로 삶의 반전을 노래하고 간증하는 책들이 쏟아지고 있다. 그런 자리로 부름을 받아 영광의 하나님을 찬양하는 사람들이 분명히 존재한다. 그러나 보편적인 신자의 삶은 반전이나, 극적인 스토리나, 초월적인 경험은 거의 없다. 가난한 자는 계속 가난하고, 수단과 방법이 없는 사람은 인생이 곤고하고 어려운 날들이 지속될 뿐이다. 그것이 솔직한 우리의 삶이다. 여기, 세상적으로 의지하거나 기댈 것이 전혀 없는 한 목회자가 자신의 별것 없는 인생이 어떻게 우리 주님께서 피로 값 주고 사신 교회와 연결되고, 그 교회를 세우는 재료가 되는지를 증언하는 책이 나왔다. 그의 눈물, 그의 좌절, 그의 실수, 그의 자각, 그의 소박한 일상을 주목해 보라. 그는 자신에게 주어진 그 삶을 신실하게 살았을 뿐인데, 하나님은 그의 삶을 재료로 삼아 하나님 형상대로 지음받은 사람을 살리는 교회를 세우신다. 저자는 자신의 삶을 이야기하는 것 같지만, 그의 삶에는 자기 자신은 없고 그 삶을 붙잡아 자신의 일을 이루신 하나님의 모습만 가득하다. 마음을 담아 이 책을 한 번 읽어 보라. 잔잔한 삶의 이야기들이 책을 덮을 즈음에는 폭풍 같은 은혜로 여러분의 심령에 와 닿을 것이다.

김관성 목사 (행신교회 담임, 《본질이 이긴다》 저자)

추천사를 쓰는 손이 부끄럽다. 만약 "추천사를 쓰겠다."고 약속하기 전에 이 원고를 다 읽었다면, 추천사를 쓰겠다는 말을 하지 못했을 것 같다. 이전에 내가 쓴 책의 추천사들은 조금 앞선 선배가 조금은 뒤에 있는 후배를 삶과 사역과 글을 응원하기 위함이었다. 그런데 원고를 읽으며 그런 생각이 사라졌다. 읽는 내내 나는 저자에게 주님의 마음과 주님의 교회, 그리고 목회를 배웠다. 하나님께 끊임없이 묻고 순종하는 모습, 자기를 부인하고 주님의 뜻을 좇는 모습, 영혼을 위해 헌신하는 모습, 규모가 아니라 본질을 선택하는 모습, 자신의 강점을 드러내기보다 자신의 약함을 드러내는 모습. 에피소드 하나하나에 '하나님의 사람'의 생각과 삶이 담겨 있었다.

목회자들 가운데 있는 서글픈 우스갯소리 중에 "세상에는 두 종류의 교회가 있다. 하나는 '큰 교회'고, 다른 하나는 '큰 교회가 되고 싶은 작은 교회'다."가 있다. 저자는 그 두 종류의 교회 외의 또 다른 교회도 있다고 삶으로 증명한다. 저자는 '아직도' 성경에 있는 하나님 나라를 가시적으로 드러내는 공동체로서의 '교회'를 믿는다. 그리고 자신이 봤던 고귀한 이상을 위해 세상이 보기에는 우스꽝스러웠던 돈키호테처럼, 하나님의 이상에 미친 저자는 돈키호테의 길 위에 있다. 처음에는 이 바보 목사를 어떻게 해야 하나 싶었는데, 글을 통해 그가 이제껏 걸어온 이야기를 다 읽은 지금 "누가 바보인가?"를 질문하고 있다. 이 바보 목사의 길은 내가 걸었던 길보다 더욱 주님의 길을 닮았다. 그래서 추천사를 쓰는 손이 한없이 부끄럽지만, 그럼에도 불구하고 "교회로 가는 길을 읽어 보라" 말하고 싶다.

조영민 목사 (나눔교회 담임, 《세상을 사는 그리스도인》 저자)

대한민국 곳곳에 숨어 있는 수많은 작은 교회들, 작은 교회가 되기로 결정한 그들을 통해 하나님께서는 지금도 한 영혼 한 영혼을 살리시는 귀한 역사를 이루신다. 그리고 그 현장에는 우리와 같이 동시대를 살아가고 있는 이들이 있다. 부르심을 받아 목사로, 사모로, 그렇게 목회자의 자녀로 말이다. 그 현장에서 고군분투하며 사역을 감당하고 계시는 분의 치열한 에세이 한 편을 읽은 것 같다. 그리고 그 역사 속의 한 영혼이 내가 되어, 그리고 당신이 되어 새로운 간증을 이루고 계시는 하나님을 느끼게 된다. 특별하지 않다. 평범하게 우리와 같은 인생을 살아가는 이들의 이야기다. 참 소박하고 정겹다. 그리고 하나님은 그들을 통해 또다시 교회를 세워 나가신다. 나는 오늘 여러분에게 이 책을 추천하면서 도전하고 싶다. 한 사람의 삶의 이야기가 또 다른 한 사람, 바로 당신의 이야기가 되어 아름다운 향기로 흘러가면 좋겠다.

정윤선 대표 (윤선디자인)

이 책의 제목은 《교회로 가는 길》이지만 다 읽고 나면 《교회가 세워진 길》이라고 말하고 싶다. 보이는 건물의 교회가 아닌, 한 사람의 교회가 세워지는 길 위에서 일어난 처절하도록 솔직한 이 이야기는 아무 생각 없이, 습관적으로 오가던 우리의 '교회로 가는 길'을 숙연하게 만들어 주기에 충분하다. 구원에 이르는 길은 오직 한 길밖에 없지만, 교회로 가는 길이란 여러 길이 있기 마련이고, 그 길의 속사정이란 깊고 넓다. 성공한 교회 이야기가 아닌, 승리를 향해 그저 뚜벅뚜벅 걸어가는, 여전히 교회가 되어

가는, 교회로 가는 길의 이 소중한 이야기를 기쁨으로 추천한다.

김정주 전도사 (《안녕, 기독교》 저자)

약육강식, 승자독식의 세상, 빈부의 격차가 점점 크게 벌어지고 있는 사회 상황 속에서 성도로 사는 것이 점점 어려워지는 것 같다. 성도가 되려면 '바보'가 돼야 할 텐데, '바보'가 되려면 누군가에게 잡아 먹힐 각오를 해야만 하기 때문이다. 기꺼이 바보의 길을 선택한 이 시대의 바보가 있다. 목사라면 그리고 교회라면, 그래야만 한다는 단순한 생각으로 터벅터벅 걸어가는 진짜 바보이다. 포기할 만도 한데, 진즉 포기했을 만한 숱한 일을 겪었으면서도, 여전히 바보같이 그 길을 걸어가고 있는 참 바보이다. 없는 길도 걷다 보면 길이 생긴다고 한다. 벌써 4년이 흘렀다. 걸어간 곳에는 길이 생겼고, 누군가는 그 길을 따라 걸어갈 용기를 얻었다. 그 길 위에 피어난 꽃향기에 위로를 얻는다. 꽃향기가 이제 글 향기가 되어 우리에게 다가온다. '한 사람이 꾸는 꿈은 그저 꿈일 뿐이지만, 모두가 함께 꾸는 꿈은 현실이 된다.'고 한다. 하나님 안에서 우리가 꿈꾸는 교회를 하나님께서 이루어 주실 것이라 믿는다. 그래서 교회 가는 길이 마냥 좋은, 우리가 꿈꾸는 교회를 응원한다.

김현성 목사 (세우는교회 담임, 《꿈과 비전의 시크릿》, 《매력남녀》 저자)

4년 전, 처음으로 저자 김병완 목사를 만났다. 개척을 준비하고 있다며 찾아오신 목사님의 눈에서 주님의 교회를 향한 아픔과 희망이 동시에 느껴

졌다. 6개월 정도 우리 교회의 한 가족이 되어 개척 준비를 하다가 우리처럼 목사님 가정에서 '우리가 꿈꾸는 교회' 첫 예배를 시작하셨다. 가정에서 가족들과 예배드리며 행복해하던 모습, 빌라 지하실을 예배당으로 꾸미며 부푼 기대로 넘치던 모습, 한 사람의 성도가 찾아왔을 때 세상을 얻은 듯이 기뻐하던 목사님의 모습을 지켜보며 나 역시도 기뻤다. 그 모든 개척의 과정에서 느꼈던 은혜의 이야기들이 이 한 권의 책으로 엮여 세상에 소개되었다는 것은 무척이나 자랑스럽고 기쁜 일이다. 평소에도 열심히 글을 읽고, 글을 쓰는 목사님의 지성과 영성이 삶의 간증으로 고스란히 녹아져, 기록된 이 책을 통해서, 앞으로 교회 개척을 생각하는 이들이나 개척 교회에 대한 오해가 있는 분들에게 큰 감동과 영감을 주게 되리라 생각한다.

주진규 목사 (다시본교회 담임)

신앙이란 한 사람의 인생 속에서 하나님과의 사연을 쌓아가는 것이다. 《교회로 가는 길》은 마치 천로역정을 보는 것같이 한 목회자의 인생을 통해 말씀하시는 하나님의 사랑과 은혜가 녹아 있다. 보면서 함께 아파했고, 함께 울었고, 또 함께 소망을 꿈꾸게 되었다. 이 책은 흙먼지가 많은 곳에서 호흡이 곤란해질 정도로 힘들었는데 맑은 공기를 마신 기분이다. 교회와 목회자들로부터 좋지 않은 소식들이 많은 이 시대에, 이런 교회도 있고, 이런 목회자도 있다고 자신 있게 외치고 싶다.

고상섭 목사 (그 사랑교회 담임, 《팀 켈러를 읽는 중입니다》, 《귀납적 큐티》 저자)

이 책은 저자의 삶과 개척 목회의 발자취를 담았다. 이 책이 참으로 좋은 것은 예수님을 닮아 가려고 애쓰는 하나님의 사람의 고뇌와 표면적으로 드러나지 않은 목회자의 이면적 고충이 고스란히 담겨 있기 때문이다. 저자는 참으로 진솔하다. 그리고 하나님 앞에 진실하게 살아 내려고 한다. 그런 저자가 자신의 삶과 목회에 있었던 희로애락의 스토리를 펼쳐 보여주는데, 때로는 감추고픈 개인, 가정, 교회의 스토리(Story)를 통해서 하나님의 역사(His Story)가 어떻게 펼쳐졌는지를 독자로 선명하게 보게 한다. 저자의 글을 읽으면 가슴이 따스해진다. 눈에는 촉촉한 눈물이 맺힌다. 머리는 맑아지고, 하나님이 원하시는 배우자, 부모, 섬김이가 되기 위해 나 자신은 어떻게 살아야 할지 고민하게 된다.

저자는 글을 통해 요즘같이 차가운 시기에 따스한 사랑의 온기를 전해준다. 삶의 방향과 가야 할 길이 희미할 때, 이 책을 읽어 보면 좋겠다. 반드시 소망, 힘을 얻고, 하나님이 원하시는 선한 길로 나가게 될 것이다. 21세기 목회자들에게 이 책을 권한다. 선교지에 선교사님에게도 이 책을 읽어 보라고 추천하고 싶다. 그리고 교회, 공동체, 가정의 회복을 간구하는 성도님에게 이 책을 강력하게 추천한다.

김영한 목사 (품는 교회 담임, Next 세대 Ministry 대표)

돌아보면 어릴 적 교회 가는 길은 갈등의 연속이었다. 왜 하필 예배 시간과 디즈니 만화동산 방영 시간이 겹치는지, 참 이해할 수 없었다. 성인이 되어서도 갈등은 크게 달라지지 않았다. 물론 교회는 세상이 줄 수 없는

채움을 주기도 했지만, 어느덧 형식화, 화석화되어 버린 딱딱한 신앙을 보며 기쁨을 발견하지 못할 때도 많았기 때문이다. 그런데 여기, 《교회로 가는 길》에서 여전히 설렘과 흥분을 감추지 못하는 사람이 있다. 번듯한 예배당, 화려한 조명, 빽빽한 청중, 어느 것 하나 없는데도 어떻게 그런 떨림이 가능할까? 분명 저자는 남다른 필살기도 없고, 현재도 평균 이하의 척박한 상황에 놓여 있다. 하지만, 우리가 주목할 부분은 그가 주님과의 교감을 통해 교회의 밑그림을 그리고 지우기를 반복하고 있다는 사실이다. 이러한 거룩한 생고생이 독자들로 하여금 '교회란 무엇인가?'라는 근원적인 질문과 마주하게 할 것이며, 책을 덮고 나면 우리가 매주 향하는 익숙한 교회 가는 길이 새롭고 낯설게 느껴질 것이다. 끝으로 저자와 같은 젊은 기독 작가들의 약진을 통해, 갈수록 어려워지는 기독 출판 시장에 새바람이 일기를 기대한다.

장일 목사 (팔로우교회 담임, 《결핍의 위로》 저자)

세상에서 한 교회가 개척되고 세워져 간다는 것은 그 안에 수많은 스토리가 내재하고 있음을 의미한다. 개척 목회자와 성도들의 눈물로 얼룩진 세월의 손수건을 몇 겹씩 넘겨야만 그 속내를 겨우 들여다볼 수 있다. 그 과정에서는 끊임없이 다가오는 회한과 이유를 알기 어려운 갈등이 생성되고 또 사라지기도 한다. 그렇게 안개와 같은 길을 한 발자국씩 걸어 나가며 여물어질 때, 교회는 교회다운 모습으로 성숙해 가는 것 같다.

《교회로 가는 길》은 한 젊은 목회자의 솔직한 자기 고백과 성찰이며, 더 나아가 개척된 작은 교회의 처절한 분투기다. 때로는 진솔하게 속 이야기를 털어놓는 고백에 진땀이 나기도 하고, 또 한편으로는 그 마음이 너무나 공감되어 '어찌하면 좋을까?'라고 스스로 질문하게 된다. 이야기가 흘러갈수록 조금씩 성숙해져 가는 목회자와 개척 교회의 모습을 보는 것은 독자가 놓치지 말아야 할 덕목이다. 이렇게 한 장씩 책장을 넘기다 보면 어느 틈엔가 '교회로 가는 길'을 함께 걷고 있는 자신을 발견하게 될 것이라 확언한다.

고훈 목사 (진리샘 교회 담임, 교회를 위한 신학 포럼(서울) 대표)

머리를 쓰기보다 마음을 쓰는 사람이 좋다. 세상 이치에 밝지 않아도 하나님의 마음에 섬세한 사람이 좋다. 1년 치 품삯에 맞먹는 향유를 기꺼이 예수님의 발에 붓는 여인과 같은 사람이 좋다. 세상의 기준으로는 미약해 보여도 하나님의 사랑 앞에서는 진솔하고 진실된 이가 좋다. 이 책에는 이런 삶과 사역이 담겨 있다. 세상의 전략이 아닌 하나님을 향한 전심으로, 교회를 꿈꾸며 걷는 걸음이다. 주 안에서 신실한 한 사람의 걸음은 그리스도인들의 걸음을 잠시 멈추게 하여 바른 방향을 꿈꾸도록 한다. 책을 읽는 내내 책에 담긴 삶을 바라보시며 미소를 참지 않으셨을 하나님의 기뻐하심이 떠오른다. 참으로 순진했던 한 사람의 정직한 걸음이 참으로 순전하고픈 개척의 치열한 현장으로 생생하게 드러난다. 이 시대와 교회들의 발걸음을 돌아보게 한다.

김민수 목사 (오산글로리아교회 담임, 《개척 5년차입니다》, 《무명교회전》 저자)

목차

01 우선 걷기

02 보폭 맞추기

03 계속 걷기

프롤로그

지금요? 교회 가는 길이에요

어릴 적 교회 가는 길은 제게 늘 설렘이었습니다. 교회에 가면 따뜻한 목사님, 반가운 전도사님, 친절한 집사님과 권사님들이 저를 환영해 주셨죠. 교회가 그렇게 좋았나 봅니다. 초등학교 저학년 시절 꿈이 목사님이 되는 거였어요.

잠시 방황의 시절을 지나 스물다섯, 다시 교회를 찾았을 때 저는 어릴 적 그 설렘을 되찾을 수 있었습니다. 매일같이 교회에서 살았던 것 같아요. 저의 모든 삶은 교회가 중심이 되었죠. 무척이나 버거운 문제를 떠안고 있더라도 예배당에 앉으면 마음이 편안해졌습니다. 아무리 속상한 일이 있었더라도 교회 친구들을 만나면 웃음꽃이 피었습니다. 세상 살아갈 맛이 나는 곳, 그건 제게 교회였습니다.

언제부터인가 한국 교회에 좋지 않은 뉴스들이 많아졌습니다. 청년들은 교회와 대화가 되지 않는다고 발길을 돌렸습니다. 이제는 거꾸로 세상이 교회를 걱정하고 자정(自淨)을 요구합니다. 많은 친구들이, 옛 동료들이 교회를 나가고 있지 않습니다. 저 또한 크고 작은 일들을 교회 안팎에서 보면서 많은 한숨을 지어야 했습니다.

필립 얀시(Philip Yancey)의 책 제목처럼 어느새 교회는 나의 '사랑'이면서 동시에 '고민'이 되어버렸습니다.

이 책은 그 설렘을 향수하며 다시금 교회를 향해 걷는 여정의 이야기입니다.

그저 교회 가는 것이 좋아서 걸었던 것처럼
누군가 물으면 자랑스럽게 말했던 것처럼
기쁨 가득한 목소리로 말하겠습니다.

"지금요? 교회 가는 길이랍니다."

01

우선 걷기

아직 준비되지 않았는데

만 명, 천 명, 백 명. 사역지를 옮겨갈 때마다 교회의 규모는 작아져 갔다. 다음은 10명과 함께 개척하려나? 우스갯소리로 했던 말이다. 2017년 11월 둘째 주에 나는 섬기던 교회의 담임 목사님을 찾아가 말씀드렸다.

"목사님, 아무래도 저는 교회를 사임해야 할 것 같습니다."

앞으로 계획이 어떻게 되느냐는 질문에 "교회를 개척해 보려고요."라는 대답을 드렸다. 목사님은 미안함이 가득한 얼굴로 그렇게 해 보라고 하셨다.

마지막으로 모셨던 담임 목사님은 어떤 분보다 가까이에서 많은 얘기를 나눴던 인격적인 분이었다. 늘 많은 배려를 해 주셨고, 많은 얘기를 서슴없이 나눴다. 강요란 것을 받아 본 기억이 나질 않는다.

참 성품이 좋고 설교도 잘하셔서 많은 성도들에게 사랑받던 목사님은 돌연 11월 초 사무처리회에서 사임을 발표하셨다. 청빙받아 오셔서 재신임을 받는 날이었는데 압도적으로 높은 찬성표가 나왔음에도 그 자리에서 그렇게 말씀하시는 바람에 다들 화들짝 놀랐다. 목사님의 떨리는 목소리가 생각난다.

"저는 한 표라도 반대가 나오면 하나님의 뜻이 아니라는 것으로 받아들이기로 했습니다."

모든 성도가 깜짝 놀란 것은 두말할 것이 없었다.

목사님의 개인적인 사정이 있다는 것을 후에 알게 되었다. 성도들은 목사님의 아픔을 성숙하게 끌어안아 주었고, 자리를 지키려 했던 나는 이내 목사님 곁을 지키려는 성도들을 보며 안심하고 물러나기로 했다. 목사님이 던져준 고민거리를 나와 우리 가정이 이어받았기 때문이다. 아내는 나의 고민을 이해해주었고, 함께 교회를 떠나 교회를 개척하자고 해주었다. 경제적인 부분은 자신이 함께 감당하겠다며 아무것도 없던 나를 응원해주었다.

11월 22일 수요일, 수요 예배에서 사임 설교를 성도들과 나눴다. 그날 밤, 가족들과 나눌 야식을 사 가면서 차 안에서 홀로 참 많이 울었다.

"하나님, 하나님의 기쁨이 되는 목사로 살기 원합니다. 사역은 잘하지 못하더라도 하나님께 기쁨을 드릴 수 있는 목사로서 살고 싶습니다."

그렇게 나는 아내와 다섯 살, 세 살된 두 아이와 함께 교회를 나왔다.

행복을 찾아서

사실 교회를 사임하기 전 아내와 많은 얘기를 나눴다. 아내는 지금까지 나의 모든 여정을 다른 말 없이 응원해 주고 함께해 준 사람이다. 이번에는 아내의 의견을 더 중요하게 생각하기로 했다. 아내가 말했다.

"사임하는 게 좋을 것 같아요. 당신, 개척을 해도 좋을 것 같아요. 돈은 내가 벌면 되죠."

아내가 했던 말 세 문장이 생각난다. 그것만큼 큰 힘이 되었던 말이 없었다. 연애 때도 그랬다. 신대원에 다니던 시절, 일본 선교를 갔을 때 어머니께 문자가 하나 왔다.

"아들, 이번에 돌아오면 엄마가 밥을 못 지어 줄 것 같아."

어머니께 전화했더니, 어머니께서 한겨울 양손 가득 짐을 들고 방문 판매를 다니시다가 피로하셨는지 얼굴에 마비가 왔다고 했다. 나는 그날의 좌절감을 잊을 수가 없다. 한국에 돌아와 어머니를 뵈었다. 어머니의 아름다운 얼굴은 절반이 차가운 표정으로 굳어 있었다. 나는 어머니께 말씀드렸다.

"어머니, 저 신학교 중퇴할게요. 제가 돈을 벌겠습니다."

어머니께서는 나에게 그러지 말라고 하셨다. 엄마의 기쁨이라고 하셨다. 나는 열심히 계산기를 두들겨 봤고, 당시 사귀던 지금의 아내와 헤어지는 것도 심각하게 고민했다. 학교에 다니면서 도저히 아내를 만날 형편이 되지 못했기 때문이다. 결국 내가 찾은 방법은 만남을 절반으로 줄이는 것이었다. 그때 아내는 나에게 그러지 말라며 자신의 신용 카드를 건네 주었다. 가족에겐 비밀이라면서, 나중에 당신이 돈을 벌 테니 지금 이 카드를 쓰는 것을 미안해하지 말라고 해 주었다.

식당을 갈 때도, 영화를 볼 때도 아내는 나에게 "고마워요. 잘 먹었어요."라고 얘기해 주었다. 바보 같은 사람.

결혼을 앞두고 LH에서 전세 임대 지원금을 받을 수 있게 되었다. 하지만 목돈이 없는 상태에서 집을 알아보려니 그 돈을 가지고는 우리가 살 곳을 찾기가 쉽지 않았다. 갈 만한 곳은 너무 낡았고, 가고 싶은 곳은 돈이 너무 많이 모자랐다.

하루는 아내와 길을 걷다 우뚝 솟은 평범한 아파트를 보았다. 아내가 이렇게 얘기했다.

"저런 집에 사는 사람들은 행복하겠죠?"

나는 아내에게 얘기해 주었다.

"방 한 칸에 살아도 저 집에 사는 사람들보다 행복하게 해 줄게요."

지금 와서 생각하면 무슨 객기로 그런 말을 했는지 부끄럽지만, 아내는 그 말을 약속으로 받아 주었다.

교회를 사임하고 개척을 하기로 마음은 먹었지만, 부산에서부터 거듭 옮기는 사역지마다 사택에서 거주했기 때문에 우리는 뺄 보증금도 없었고 집을 계약할 돈도 없었다.

본가에서 내가 쓰던 방으로 네 식구가 들어가야 하나 하고 심각하게 고민하던 그때, 기적 같은 일이 일어났다. 수원에 계신 장인어른 댁 아래층에 세를 내어 살던 사람들이 그해 유독 심했던 폭우로 비가 새 집을 나가기로 했다. 장인어른께서는 시골로 이사를 하려고 계획 중이셨기 때문에 그 집을 비워 두려고 했다가 우리의 사정을 듣고 집에 들어와 살라고 해 주셨다.

한 번도 아내에게 번듯한 집을 마련해 주지 못했다. 신혼집은 8평짜리 원룸 월세였고, 이후에는 교회에서 제공하는 사택에 우리의 살림을 맞춰 넣었다. 지금은 친정집 아래층에 들어와 살고 있다.

이 글을 쓰며 아내에게 문자로 물어보았다.

"내가 예전에 방 한 칸에 살아도 행복하게 해주겠다고 얘기했는데, 처가살이하고 돈도 별로 못 벌어다 주는 요즘 당신은 행복하오?"

아내에게 답장이 왔다.

"아임 해피. 지금이 더 재밌소. 아주 좋소."

답장을 보냈다.

"나도."

교회 준비

교회를 개척한다면 최소한 물리적으로 필요한 몇 가지가 있다. 교회론에 따라 순서를 달리할 수 있지만, 떠오르는 순서대로 나열하면 '목회자', '성도', '예배 장소'가 아닐까?

사실 개척을 나올 때 안수를 받지 않은 상태였다. 침례교회는 장로교회와 달리 교회의 사정에 맞게 안수를 준다. 전도사로 사역을 5년 했지만 언제 목사 안수를 받을지 알 수 없었다. 나는 교회를 나오면서 먼저 개척하신 다른 목사님들을 만나 보고 싶었다. 세 가지 준비에 대한 어느 정도의 갈피를 잡을 수 있으리라.

천안에서 뵈었던 N목사님은 페이스북을 통해서 알게 되었다. 평소 흠모하다가 연락을 드리고, 찾아가서 2시간가량 인터뷰했다. 혹시라도 놓치는 것이 있을까 싶어 질문을 만들어 갔고, 노트북으로 받아 적었다.

목사님은 성결 교단 출신 목회자로 독립 교단에서 목사 안수를 받고 개척을 하셨다. 낯선 땅이었던 천안에서 캠퍼스를 누비며 전도를 했고 두 명의 청년과 함께 교회를 세웠다. 초기에 약 4,000만 원의 대출을 받아 좋은 장소를 빌렸다. 그러나 금방 후회가 되었다고 했다.

"처음부터 속았다는 느낌이었어요."

모든 에너지와 재정이 건물에 들어갔기 때문이다. 후에 목사님은 임대료를 빼서 교회 청년의 꿈이었던 카페를 만들어 주었다. 사장은 청년이고, 목사님은 아르바이트생이다. 주일에는 아르바이트생이 설교자가 되고, 사장이 성도가 된다. 하나님의 나라가 이런 것일까? 내가 목사님에 대한 소식을 SNS에서 접했던 것도 이 시기 즈음이었다.

목사님께 개척을 결심했던 이유를 물었다. 불신자 가정에서 자라나 중학생 때부터 다닌 교회에서 신학생 3명이 배출되었는데 그중 유일하게 불신 가정이라 장학금 대상자가 되지 못했다고 했다. 심지어 부모님들이 집사 직분을 받아야 한다며 도리어 금전을 요구했고, 그 시절 크리스티안 A. 슈바르츠(Christian A. Schwarz)의 책의 한 글귀에 마음이 사로잡혔다.

"달리는 자동차의 바퀴는 멈출 수 없다. 멈출 수 없다면 처음부터."

교회를 개척하는 분들은 저마다의 이유가 있는 것 같다. 이미 수많은 교회가 있는데 또 하나의 교회가 세워지고 있다면 그것은 분명 그럴만한 이유를 찾은 사람이 있기 때문이리라.

돌아오는 길에 상념에 젖었다. 하나님은 이 시대에 어떤 교회를 찾고 계실까? 나는 그분을 위해 무엇을 해 드릴 수 있을까? 달리던 자동차에서 내려 처음부터 다시 생각해 보기로 했다.

세우심

우리 아버지는 내가 중학교 2학년 때 교회를 개척하셨다. 그때 내게 선명했던 기억은 '달팽이 하우스'다. 우리 집은 시골 언덕 위에 세워져 있던 단독 주택으로, 온 마을이 한눈에 들어오는 곳에 살았다. 집 바로 아래에 80평 즈음 되어 보이는 비닐하우스가 있었다. 당시 몇 년 전부터 한 사업가가 거기서 달팽이 농장을 했다. 그러다가 농장이 잘 안 되었는지 사업을 철수할 상황이었고, 아버지께서 그 농장을 사셨던 것으로 기억이 난다.

아버지는 그 농장을 모두 비우고, 거기서 교회의 기초를 닦으셨다. 나도 틈만 나면 함께 내려가 비닐하우스 안에 있던 물건들을 빼내고 치우는 일손이 되었다. 떡볶이집에서 쓰는 어묵 국물 그릇 같은 초록색 대접에 모래가 쌓여 있고 비닐 캡이 씌워 있는데 비닐을 뜯어내면 안에는 달팽이와 작고 하얀 알들이 보였다. 손가락으로 파내어 보며 파브르(Fabre)가 되었던 기억들, 사춘기 시절 아버지가 비닐하우스에서 개척한다는 것은 내게 부끄러움이었지만 그 과정에서의 소소한 기쁨과 이야기들은 내게도 즐거운 추억으로 자리 잡고 있다.

《예언자적 상상력》(*The Prophetic Imagination*)이란 책이 있다. 구약학자 월터 브루그만(Walter Brueggemann)에 의해서 사용되기 시작한 이 표현은 특정한 상황을 하나님의 관점에서 독특하게 바라봤던 예언자들의 시각을 일컫는다. 구약 성경에서 예언자들은 모두가 당연하게 받아들였던 세상의 불공정한 시스템을 바라보며 재앙을 선언하고, 때로는 모두가 절망하고 낙심해 있던 폐허 한가운데서 새로이 행하실 하나님에 대한 희망을 노래했다.

나는 아버지의 삶을 뒤돌아보면서 '예언자적 상상력'을 보았다. 아버지는 달팽이 하우스에서 교회를 바라보셨다. '산골짜기에 다람쥐도 아니고 누가 올까?'라고 생각했는데 한 달 만에 수십 명이 교회를 찾아와 등록했다. 물론, 이후 아버지의 목회는 녹록지 않았다. 갈수록 급변하는 교회의 사정 속에서 변함없었던 것은 하나님만 의지하던 아버지의 믿음이었다. 한번은 내가 수원의 한 대형 교회에서 사역을 막 시작했을 때였다. 아버지께서 나를 보러 오셨다가 들어가지는 못하고 교회 입구에서 같이 사진만 찍고 돌아가셨다. 그날 여러 가지 생각이 들어 아버지께 문자를 보냈다.

"순종은 아버지가 하셨는데, 은혜는 제가 받고 있네요."

아버지는 평생에 100명이 넘는 성도들을 만나지 못하셨다. 나는 사역을 시작하면서 내 앞에 주어진 부서의 대학생만 100명이 넘었다. 무언가 우쭐거렸던 내 마음이 금세 숙연해졌다.

철없던 시절, 나는 아버지의 목회가 어려워지는 것을 바라만 보아야 했다. 원인을 알 수 없었고, 계속되는 역경 속에 아버지께서 목회하시는 것을 지켜보기가 어려웠다. 교회의 건물이 철거되고, 가정에서 예배드리던 어느 날 나는 어머니께 조심스레 말씀드렸던 기억이 있다.

"아버지 목회를 그만하시면 어떨까요?"

그때 어머니는 말씀하셨다.

"너희 아버지, 목회마저 안 하시면 못 사셔."

그렇게 어려운데도 끝까지 목회자임을 기뻐하시고, 그 길을 놓지 않으셨다. 삶이 흔들릴지언정 믿음이 흔들리지는 않으셨다. 누구 앞에서 목회 이야기를 하기 꺼려하실 수도 있는데도 아버지는 자랑스럽게 자신을 목사라고 소개하셨다. 어떻게 그럴 수 있을까?

아버지는 목회를 하나님의 영역으로 보신 것 같다. 교회도 하나님이 세우셨고, 하나님의 때에 흩으셨다. 아버지는 그렇게 여기셨기 때문에 자기 자신을 자책하거나 무너지지 않으실 수 있었다. 하나님이 보내신 자리를 지킬 수 있었음에 감사하셨다.

서른다섯 나이에 나는 목사 안수도 안 받고 교회 개척을 나섰다. 아무것도 없이 처갓집 아래층으로 이사를 왔다. 목사 안수도 받아야 하고, 예배할 사람도 필요하고, 예배할 공간도 찾아야 했다.

'우리 가족으로 출발해서 정말 교회가 가능할까?'

아무것도 준비된 게 없었지만, 나는 내 삶의 목자되신 하나님을 믿었다. 교회는 하나님이 세우신다. 그러므로 준비 또한 하나님이 하신다. 나는 그분이 세워 가시는 교회를 보기로 했다.

큰 교회, 작은 교회 그리고 의도적으로 작은 교회

"저 크면 목사님이 되고 싶어요."

어린 시절, 내 머리를 자주 쓰다듬어 주시던 목사님이 좋았던 것 같다. 나는 주일 예배를 마치고 돌아갈 때면 자주 그렇게 말했다. 그럴 때마다 우리 부모님은 기뻐하시며 "그래, 이다음에 커서 큰 목사님이 될 거야."라고 응원해 주셨다.

신학교를 다니던 시절, 신학생들끼리 우스갯소리로 하던 말이 있었다. 세상에는 두 개의 교회만 있다고. 하나는 '큰 교회'고 또 하나는 '크고 싶은 작은 교회'라고. 나도 한때 그렇게 생각했던 시절이 있었다. 내가 신학생 시절만 해도 한국 교회의 성장은 정점에 오르고 있었다. 대형 교회 목회자들의 스캔들이 세상을 떠들썩하게 만들기 전이었다.

경영학이 교회 안에 들어오고, 각종 자기 계발 서적의 이론이 강단에서 성경 속 원리를 설명해주는 도구가 되던 시기였다. 펌퍼짐

하고 낡은 정장에 성경책을 끼고 걷는 것보다 달라붙는 정장에 아이패드를 들고 강단에 올라가는 것이 시온의 대로로(?) 향하는 길 같이 보였다.

그러다 뉴스를 접했다. 젊은 청년들의 리더십들이 여러 문제로 넘어지는 것을 보며, 유능하고 사람을 많이 모으는 목회도 건강함의 척도가 될 수 없으며, 그렇지 않고 변화 없이 묵묵히 자신의 자리를 지키는 것 또한 성장하지 않는 것이 아니라는 것을 발견하고 많은 생각을 하게 되었다.

특별히 많은 사람 앞에 서는 자리의 책임감이 보이기 시작했다. 그전까지는 그저 많이 모이고, 인기가 많으면 참 좋겠다고 생각했었는데, 이제 보니 영향력이 커진다는 것은 그만큼 책임이 더 따른다는 말이고, 더 많은 삶의 무게와 유혹 속에 자신을 지켜야 한다는 말이다.

자리가 사람을 만드는 게 아니라, 자리에 걸맞은 사람이 있어야 한다. 겸손하고 성숙하지 않으면, 누가 그 자리의 유혹을 감당할 수 있을까. 아니, 사람의 성숙도만 가지고 그 유혹을 이겨낼 수 있을까? 하나님의 지켜주심이 없다면 우리는 언제든 연약함으로 자신도 가정도 교회도 하나님의 이름도 상처를 입히는 일들이 벌어질 수 있다. 그래서 오직 은혜를 구하는 자가 그 자리에 걸맞다.

개척을 준비하며, 평소 존경하던 목사님이 있는 교회를 방문했다. 아름다운 찬양, 은혜로운 설교, 기뻐하고 돌아가는 수많은 성도를 보며 순간 다시 부러웠다. 그러나 이내 마음을 다잡았다.

'너무나 좋지만, 내가 보고 돌아갈 것은 목사님의 중심이지, 외형이 아니다.'

만약 내가 외형을 목표로 삼았다면, 나는 평생 쫓아가지 못하는 뱁새가 되어 열등감 속에서 목회를 해나갔을 것이다.

얼마 전 〈싱어게인〉이라는 방송에서 30호 참가자 이승윤 씨가 한 말이 당시 내 마음의 고백과 일치했다.

"저는 저의 깜냥을 압니다."

그때 마음먹었던 것이 30명 목회였다. 내가 상한선을 낮게 정해 놓고 목회를 한다면 나의 목회는 우울하지 않을 것이다. 우리 부부가 일터에서 생활비를 해결한다면, 한 가정만 있어도 행복하게 목회할 수 있을 것이라고 생각했다. 사실 장년 30명은 내 수준에서 각 가정에서 벌어지는 일들을 관심 있게 챙길 수 있는 인원의 최대치라고 생각했다. 내가 교만하지 않으면서도 성도들도 서로를 관심 있게 챙길 수 있는 규모라고 생각했다.

장정 30명이 넘어가면 15명씩 두 개의 교회로 나눌 준비를 시작하고 싶다. 각 공동체가 어른 20명 정도 규모가 되면 또 다른 교회 개척을 시도할 수 있지 않을까? 이렇게 하면 장소를 찾기도 쉬워질 것 같다. 큰 교회? 크지 못한 작은 교회? 나는 '의도적으로 작은 교회'도 있다고 생각한다

이 시대에 더욱이 '의도적으로 작은 교회'들이 해 줄 역할이 분명

많아지고 있다. '큰 교회'의 레이더에 닿지 않는 골목골목 후미진 곳의 사람들은 '일터에서 일하는 목회자들'을 통해서, '작고 소박한 교회'들을 통해서 예수님을 만나고 경험하게 되기 때문이다.

나는 어린 시절 부모님의 말씀처럼 '큰 목사님'은 되지 못할 것 같다. 그러나 '의도적으로 작은 교회'를 향해 걸어가는 나를 향해 지금 부모님은 뜨거운 박수를 보내 주고 계신다. 나도 '작은 교회 목사님'들께 박수갈채를 보내드린다.

"너희 중에 누구든지 크고자 하는 자는 … 섬기는 자가 되고 … 으뜸이 되고자 하는 자는 … 종이 되어야 하리라"(마 20:26-27).

땅 위에서 하늘을 걷는 돈키호테

한번은 오랜 친구가 개척 초기에 찾아와 얘기를 나눴는데, 나에게 이렇게 말했다.

"친구야, 너를 보면 조선 시대 때 독립투사를 보는 것 같아."

평소에 빵모자를 즐겨 써서 그런가? 친구의 말이 이어졌다.

"네가 할 수 있는 것보다 더 많은 일을 하려는 것 같아."

친구의 걱정이 담긴 말에는 애정이 섞여 있었기 때문에 그 말은 내게 오랫동안 기억에 남아 있다.

정말 그럴 수도 있다. 이상적이지만 현실적이지 않은 꿈을 꾸며 사는 것일 수도 있다. 뭘 몰라서 그러는 것일 수도 있다. 자신이 가진 재능과 자원을 냉정하게 바라보지 못한 것일 수 있다. 결과적으로 가족들이 다칠 수도 있다. 아마도 친구는 거기까지 걱정했던 것 같다.

돈키호테(Don Quixote)는 세르반테스(Miguel de Cervantes Saavedra)의 소설 속 주인공이다. 작품 속 그는 당시에 유행하던 기사도 소설을 밤

낮으로 탐닉한 결과 자신의 낮은 신분과 늙은 나이를 잊어버린 채 정의로운 기사가 되려고 모험을 떠난 이상주의자다.

작품 속에서 엉뚱하고 우스꽝스럽게 비치는 실수투성이가 바로 나일 수도 있다는 생각을 종종 한다. 철부지고 몽상가이자 이상주의자. 나의 행보와 포부는 작품 속 주인공처럼 비장하지만, 누군가에게는 배꼽 잡게 하는 일일 수도 있겠다는 생각이 이따금 들기도 한다.

나는 정말 돈키호테인가?

한번은 어떤 동생이 내게 이렇게 얘기해 주었다.

"형에 관해 내가 높게 사는 것은 누구나 말을 하지만 행동으로 옮기는 사람은 보지 못했거든. 그런데 형은 하잖아. 그 점에 나는 진심으로 리스펙을 보내."

물론, 나의 손끝은 늘 이상에 쉽게 닿지 않는다. 내가 꿈꾸었던 일들을 얼마나 보게 될지, 사실 나도 잘 모르겠다. 최근 성도들과 온라인으로 소그룹을 진행하다 이런 얘기를 나눴다.

"나는 성경에서 발견한 교회와 하나님 나라에 매료된 사람입니다."

동화 속 이야기에 흠뻑 빠진 아이들처럼 나는 성경 속 이야기가 실제로 존재한다고 믿으며 걷는다.

비록 그렇게 믿고 걸어가는 걸음이 돈키호테처럼 조금 특이해 보여서 사람들에게 이질감을 주어도, 그렇게 쳐다보는 시선들이 때로는 부담스러워도 나는 그 길을 걸으면서 가슴이 뛴다.

돈키호테의 대사 중 유명한 대사가 있다.

"불가능한 꿈을 꾸는 것.
무적의 적수를 이기며, 견딜 수 없는 고통을 견디고
고귀한 이상을 위해 죽는 것.
잘못을 고칠 줄 알며, 순수함과 선의로 사랑하는 것.
불가능한 꿈속에서 사랑에 빠지고, 믿음을 갖고, 별에 닿는 것."

물론 돈키호테는 끝내 꿈을 이루지 못하고 슬프게 죽는다. 이에 도스토예프스키(Fyodor Mikhailovich Dostoevskii)는 이 땅에서의 삶이 허무라며 '돈키호테'가 그 증거라고 말한다.

《반지의 제왕》(*The Lord of The Rings*)을 쓴 J. R. R 톨킨(John Ronald Reuel Tolkien)은 '니글의 이파리'라는 짧은 이야기를 통해서 인생의 허무를 넘어 영원한 세상에서 완성될 이야기를 나눈다.

성경은 이 땅 너머의 이야기를 약속하고 있다. 우리가 완성할 수 없는 것을 하나님이 완성하신다고 약속한다. 나는 내가 결코 꿈에 다다를 수 없다는 것을 안다. 그러나 그분이 완성하실 것이기에 믿음으로 사로잡힌 이야기를 향해 오늘도 우스꽝스럽게 걸어간다.

다시 보게 된 교회

화성에 있는 D교회의 J목사님을 만난 것은 수원에 이사를 오면서였다. 목사님은 신대원의 전설적인 선배로, 학교에서 직접 본 적은 없지만 친한 동기로부터 개척 일화를 들어 그분을 알고 있었다. 내게 인상 깊었던 것은 사모님과 함께 가정에서부터 교회를 세워 갔다는 이야기였다. 두 사람으로 시작된 교회는 두 번에 걸쳐 넓은 예배 장소로 이전했고, 현재는 30여 명의 가족을 이뤘다. 아무것도 없었던 내게 필요한 이야기가 거기에 있었다.

이사 오기 전 미리 SNS로 연락을 드렸고, 12월 둘째 주 찾아뵈었다. 추운 바람에 코끝이 시리던 날, 약속 장소로 갔다. 따뜻한 공기와 부드러운 음악, 깔끔한 인테리어와 맛있는 스시가 진열된 영통의 한 호텔 뷔페였다. 목사님께 인사를 드리며 너무 비싼 곳에 온 것이 아니냐고 죄송스러워 어쩌냐고 말씀을 드렸다. 목사님은 말씀하셨다.

"제가 사는 것이 아닙니다. 교회에서 사는 거예요. 저도 평소에 이렇게 못 먹어요. 덕분에 저도 맛있는 것을 먹네요."

배려가 가득한 부드러운 음성에 마음이 편해졌다. 한참 대화를 나누며 식사를 하던 중 배가 어느 정도 차자 물으셨다.

"전도사님 올해 나이가 어떻게 되세요?"

"서른다섯입니다. 곧 여섯이 되고요."

"목사 안수는 어디서 받을 계획이신가요?"

"KAICAM(독립 교단)에서 준비하고 있습니다."

사실 엄동설한에 너무 준비 없이 나온 것처럼 비칠 것 같았다. 신학교 선배인 목사님이 왜 우리 교단에서 안수를 받지 않냐고 이상하게 보실 것 같았다. 목사님이 말씀하셨다.

"네 좋네요. 저는 서른넷에 아내와 둘이서 개척을 했습니다. 조금 더 빨리 개척하시지 그랬어요. (웃음) 개척은 빠를수록 좋아요."

그 말이 얼마나 따뜻하게 들리던지. 목사님이 개척을 할 시기, 나와 같이 분당의 P교회를 갔을 때 들었던 설교 말씀을 이야기해 주셨다. 그 한 번의 설교가 당시 서른넷의 청년 목사에게 가장 큰 위로가 되었다고 했다.

그것은 '퍼즐 한 조각'의 이야기다. 아브라함에게 하신 말씀은 "가라"고 하신 말씀 한마디였던 것처럼, P교회의 목사님 자신도 교회를 개척할 때 그 퍼즐 한 조각밖에 없었다고 했다.

이 설교를 들은 목사님은 우리 삶에 목자되신 하나님이 생각났다고 했다. 목회는 하나님이 하시는 것이고 우리는 그분이 하신 일을 보면 된다는 것을 알게 되었다고 했다.

목사님은 "가라"는 말씀 하나 붙잡고 사택에서 사모님과 둘이 예배를 시작했다. 기타 하나와 성경 두 권으로 보낸 수개월, 지금은 예배팀도 생기고 많은 형제자매가 생겼지만 목사님은 요즘도 종종 그 시절의 예배를 추억하면서 그때의 예배가 가장 행복했었다고 우수에 젖으셨다.

기저귀를 갈아도 되나요?

신학교 시절, 나는 참 고리타분한 사람이었다. 나만의 생각이 너무 확실해서 그 생각에서 벗어나는 것들을 도통 이해하지 못하고 부딪히기 일쑤였다.

아내와 연애하던 때의 일이다. 한때 2년 정도, 책 읽기에 몰두했던 시간이 있었다. 매일 정해 놓은 분량을 읽어야만 했고, 항상 지난주보다는 이번 주에 더 많은 양의 글을 읽어야 했다. 속독이 아닌 정독으로 1년에 100권이 넘는 양을 읽었으니 슬로우 리딩을 하는 나로서는 온종일 책을 붙잡고 전투를 벌여야 겨우 가능했다. 당시 연애 초기였던 내 아내는 여자 친구로서 당연한 일들을 요구하곤 했다.

"오늘 만날 수 있어요?"

나는 마치 회장님처럼 굴었다.

"그걸 오늘 얘기하면 어떻게 해요. 며칠 전에 계획해야지. 해야 할 일이 있단 말이에요."

해야 할 일이란 책 읽는 거였다. 지금 생각하니 무척이나 부끄럽다. 그런데 더 부끄러운 일들이 있다.

결혼을 앞에 두고, 이 사람의 신앙이 고민되기 시작했다. 나 같은 진지함은 전혀 없고, 아무렴 어떤가 하고 유유히 사는 아내가 나는 불안했다. 그래서 비장의 카드를 꺼내 들었다. '제자훈련.'

하루는 칸막이가 있는 카페에 앉아 썰을 풀었다. 대충 왜 이것을 해야 하는지 나름 충분하게 설명한 뒤 교재를 펼쳐놓고 제자훈련 1과를 진행했다. 아내의 표정이 좋지 않았다. 그래서 2과는 포기하고 헤어질까 고민했다. (웃음)

결혼 초기 집에서 개그 프로그램 보는 것을 좋아하는 아내가 못마땅했다. 사실 나도 좋아하긴 했는데 성경적(?) 결혼 생활에 대한 나만의 환상이 있었다. 초기부터 틀을 잡아놔야 한다는 생각에 아내가 개그 콘서트를 보고 있으면 한쪽 책상에 앉아 성경을 읽었다(정말 부끄럽다). 우리의 신혼집은 8평짜리 원룸이었다. 갈 곳이 없는 아내는 자연스럽게 볼륨을 1로 줄였다.

가정 예배를 시도했을 때도 처음에는 좋았다. 그러나 두 번째 날 가정 예배를 하고 마지막에 내가 기도를 길게 했다. 나름 은혜받자고 눈물 쏟으며 길게 했는데 끝나고 어땠는지 아내에게 물어보니 한마디가 돌아왔다.

"너무 길어요!"

나는 결혼을 잘못한 줄 알았다. 그래서 앞으로 어떻게 살아야 하나 깊은 절망에 빠졌다.

교회 개척을 한다고 했을 때 아내가 딱 한 가지 걸었던 조건이 있었다.

"당신 설교 중에 기저귀를 갈아도 되나요?"

당시 우리의 아이들은 두 살, 네 살로 많이 어렸다. 집중력은 말할 것도 없고 요구 사항도 많았다. 아내는 눈빛으로 말하고 있었다.

"감당하실 수 있느냐고 물었습니다."

아기가 똥을 싸면 화장실에 가서 씻겨야 한다. 땀 흘리며 기저귀를 가는 엄마에게는 어떤 얘기도 들리지 않는다. 한번 상상해 봤다.

설교가 한참 진행되고 있는데 둘째 아이가 똥을 싼다. 아내는 아이를 데리고 화장실로 간다. 첫째 아이는 간식을 달라고 엄마를 쫓아간다. 나는 누구에게 말을 하는 것일까?

그래서 생각을 바꾸기로 했다. 전통적인 예배의 형식을 내려놓고, 우리 가족이 예배할 수 있는 방법을 찾았다. 먼저 개척한 선배 목사님에게 조언을 구했더니 개척 초기에 QT 예배가 좋았다는 말을 해주었다.

식탁에 앉아 설교가 아닌 QT를 함께 했다. 커피를 내리고 다과를 먹으며, 잔잔한 반주를 틀어 놓고 본문을 읽고 함께 생각을 나눴다. 성경의 이야기 안에서 우리의 삶을 비춰 보는 시간이 되었다.

아이들이 다가와도 아내가 말씀을 읽을 수 있게 내가 간식을 주었고, 기저귀를 갈아 주었다. 아내의 예배를 섬기는 자로서 내 역할을 다하기로 했다. 그리고 예배를 마친 아내의 표정을 살펴보았다.

"이렇게 하니 너무 좋은데요?"

가정에서 교회를 개척하고 내게 찾아온 하나님의 질문은 이것이었다.

"평생 두 사람으로만 예배한다 해도 행복할 수 있겠니?"

아내와 나는 1년의 시간을 매 주일 둘이 앉아 예배 드림으로 대답하였다.

"네, 하나님. 이렇게 하니 너무 좋은데요!"

사역을 위한 생계

한 번은 후배가 이런 말을 했다.

"생계를 위해서 목회를 하는 것은 아닌 것 같아요."

부사역자의 삶을 살다 보면, 자연스럽게 아니꼽고 치사해도 참고 견뎌야 하는 일들이 있다. 그것이 사역자로서 마땅히 감내해야 할 부분이라든지, 목회 활동에서 부득불 발생하는 일이라면 괜찮지만 그렇지 않은 경우가 대부분이다.

대개는 나의 생명줄(?)과 관련되어 있어서 애써 견디는 경우가 많다. 목회만을 성직으로 구분하지도 않을뿐더러 모든 소명 받은 자리가 성직이라지만, 그럼에도 교회 사역으로 부름받은 목회자의 숭고한 기대는 그런 현실 앞에 깊은 탄식과 함께 사라져 버린다.

목회 활동이 상호 존경과 기뻐함 속에서 이뤄질 수는 없을까? 교회 밖에서는 다들 그렇게 사는데 너무 큰 기대를 했던 것일까? 사역을 위한 생계, 생계를 위한 사역. 지금도 많은 비담임 사역자들은 이와 같은 현실의 딜레마 속에서 하루하루 살아가고 있다.

사실 교회 사역을 처음 시작했을 때, 나는 평생 대형 교회에서 사역해야겠다는 생각을 했었다. 호기 어린 시절, 교회 개척을 꿈꾸기도 했지만 그건 철모르던 시절 얘기고, 현실적으로 많은 사람이 모여 많은 일을 이루는 것이 훨씬 더 효율적일 뿐만 아니라 우리 가정의 생계도 충분하게 해결될 수 있다고 생각했다.

내가 참고 견디면 우리 집의 가사가 안정적으로 된다. 그래서 여느 사람들처럼 그 안에서 소소한 기쁨을 찾고 견딜까도 고민했던 시기가 있었다.

대형 교회에서 사역하면서 가장 힘들었던 것은 내가 사랑하는 사람을 사랑하지 않는 방법으로 대하는 것이었다. 성도들의 삶을 좀 더 가까이 들여다보는 부사역자의 위치에서, 위에서의 요구는 도리어 성도를 괴롭히는 것 같은 기분을 갖게 했다. 콜센터 직원이 된 것처럼 늘 전화기를 붙잡고 참여를 요청하며 당위를 말해야 했던 경험은 내 안에 깊은 미안함으로 남아 있다. 그래서 나왔다. 다른 관점에서 성도를 대할 수 있는 곳을 찾아 작은 교회로 목회지를 옮겨 다녔다.

대형 교회에 있었을 때의 일이다. 당시 사임한 지 얼마 안 된 부목사님을 누가 봤다고 했다. 그런데 안타깝게도 대리운전을 하고 계셔서 놀랐다는 얘기였다. 당시 같이 얘기를 듣던 분들이 모두 마음 아파했던 일이 기억난다. 그때만 해도 목회자가 일한다는 것은 있을 수 없는 것처럼 여겨졌었다. 마치 실패한 삶을 보듯 다들 그런 마음을 가지지 않았을까 싶다.

"나는 그러지 말아야지."

그러나 세월이 흘러 나도 그 자리에 서야만 했다. 사역을 위한 생계, 생계를 위한 사역 중에서 나는 어느 편에 설 수 있을까? 글쎄. 어느 쪽이든 양쪽 다 응원을 받아야 하지 않을까? 믿음과 삶을 성실하게 살아가 주는 것만으로도 모두의 인생은 격려와 박수를 받아야 할 만한 숭고함이 있다. 지층의 압력으로 땅이 뭉개지고 짓눌리듯이 땅에서의 현실이 우리를 짓누르는 것이지 누구의 잘못으로 그러한 삶을 사는 것이 아니기 때문이다.

오래전 한 책에서 석탄과 다이아몬드의 공통점은 둘 다 '탄소'로 이루어져 있다는 것이고, 그 차이는 '압력과 열'이라고 말하는 내용을 읽었다. 같은 물질이지만, 짓눌리는 압력과 발생하는 열에 의해 시커먼 석탄이 빛나는 땅속 별이 된다.

2017년 나는 우리 가족과 함께 꿈꾸는 교회를 위해 생계의 전선에 뛰어들었다. 그것이 당시로서 내가 할 수 있는 최선이었다. 그 모든 시간은 내게 감사한 기억으로 남았음을 먼저 나눈다.

이력서가 준 교훈

"전도사님은 뭐든 잘하실 것 같아요."

청년부 사역을 하던 시절 어린 청년에게 들었던 얘기다. 누가 얘기했는지는 모른다. 듣기 좋았던 얘기여서 그런지 칭찬만 기억에 선명하다. 예전에 우리 교회의 한 목사님이 사임 후 개척을 하면서 비로소 깨달으신 게 있다고 했다. '00교회 목사로서의 내 모습'과 '그곳을 나온 목사로서의 나'는 다른 사람이었다고.

한번은 사무실에 찾아온 청년을 상담해 주고 돌려보냈는데 옆 책상에 있던 한 사역자분이 이렇게 얘기했다.

"어떻게 그렇게 쉽게 조언을 해요?"

정말 그랬다. 신학교를 다니고 교회 안에서 제법 통용되는 언어와 원리에 익숙해지자 모든 사람이 나보다 아래에 있는 것처럼 보였다. 모든 사람이 신실하지 못해 보였고, 내가 한참을 가르쳐야 할 사람처럼 보였다. 나라면 더 잘할 수 있을 거라 생각했다. 당시에 나는 스스로를 성경에서 말하는 삶의 원리로 무장한 사람이라고 착각했다.

수원에 올라와 교회 개척을 시작하며 본격적으로 생계형 사역자의 삶을 살아야 했다. 이전까지 갖고 있던 나의 자만심은 산산조각이 났다. 이력서를 쓰면서부터 나는 매우 곤란해졌다. 당시 서른여섯 나이에 목회 이력을 넣자니 업체 쪽에서 불편해할 것 같았다. 그렇다고 빼자니 비어 있는 시간을 설명할 길이 없었다. 결국 넣기로 했는데 참 많은 이력서를 넣어야만 했다.

그렇게 일하게 되었던 곳이 대학교 매점이었고, 브런치 카페였다. 조명업체에서 운송 일도 해 보았다. 결이 전혀 다른 박람회 기획사에서 디자인 일도 해 봤다. 코로나19로 팀이 해체되긴 했지만. 마지막 취업을 할 때는 100군데 이상의 이력서를 넣었던 기억이 난다. 한 해 또 한 해가 지날수록 취업은 더 힘들었다.

물론 변명할 여지도 있다. 30대 후반 나이에 자녀 둘 있는 가장이 아르바이트한다고 뛰어드는 경우가 흔치는 않으니까. 그래서 그랬나 보다. 한 학교 편의점에 면접을 하러 갔을 때는 사장님이 면접은 안 보고 인생 충고를 늘어놓으셨다.

"나이 30대 후반에는 이미 자기 자리를 잡고 있어야 해요. 아르바이트하게 되면 잠깐만 하고 얼른 직장을 잡아요. 집에 있는 아이들에게도 그게 좋아요."

다음 날 문자가 왔다. 다른 분이 하게 되었다고 미안하다고.

교회 밖에서 이력서를 써 본 경험은 내게 큰 유익이 되었다. 이력서를 쓰면 쓸수록 내가 함부로 이야기할 수 있는 사람들이 사라졌다. 이미 직업을 가진 사람은 직장이 어디든 나에게는 경이로움 이었다. 아르바이트를 하는 친구들도 성실해 보였고 자기 삶을 열심히 사는 것처럼 보였다. 심지어 백날 취준생도 나에게는 그런 끈기가 있는지를 되묻게 해 주었다. 넥타이를 풀고 목장갑을 껴 보니 내가 보고 있던 세상이 다르게 보였다. 이 자리를 빌려서 나에게 기회를 주시고 뽑아 주셨던 사장님들께 잠시 감사를 드린다.

처음 아르바이트를 했던 학교 매점에서 나는 20대 초반의 친구들에게 물었다.

"어떻게 그렇게 잘해?"

냉장고에 음료를 채워 넣는 것조차 서툴렀던 나는 도리어 어린 친구들에게 도움을 받고 있었다.

처음엔 목사로서 일터에 가면 그것도 특별할 수 있겠다고 생각했다. 목사가 가면 그래도 그 직장에 하나님이 일하시는 흔적들이 생길 수 있을 거라 내심 기대도 했다. 그런데 도움을 주러 갔다가 그만 도움을 받았다. 실수하고 깜빡하면서 미안한 일도 많이 생겼다. 목사님 때문에 도움을 준다니, 가당치 않은 소리다. 자기 일에 실수하지 않고, 도움받은 것에 감사한 마음 잃지 않으면 다행이다.

사람의 인생은 저마다의 이유와 사연들이 뒤섞여 있다. 타고난 재능도 다르다. 자라난 환경은 말할 것도 없다. 그러므로 누구나 자기 자리에서 가장 최선으로 살고 있다. 누구도 그 인생에 들어가 동일

한 환경에서 그 이상으로 해낼 수 있다고 자신할 수 없다. 그 사람의 인생은 그 사람이 가장 잘 산다.

그러므로 박수를 쳐 주자. 잘 살고 있다고 격려해 주자.

이것이 무수히 사라진 이력서가 준 교훈이다.

벗(but)

벗꽃이 피어오르기 시작하던 시절, 나는 수원의 한 대학 매점에서 면접을 보았다.

"앞으로 병완 씨라고 불러도 될까요?"

사장님은 인격적으로 나를 대해 주셨다. 어린 친구들이 덩달아 "병완 씨"라고 부르자 너희는 그렇게 부르면 안 된다고 바로 잡아 주기까지 하셨다. 어린 친구들은 12살 이상 차이 나는 유부남을 어떻게 불러야 할지 늘 어려웠나 보다. 우리들의 대화는 늘 호칭이 생략되어 있었다.

한번은 조금 가까워진 날에 먼저 물어봐 주었다.

"제가 어떻게 불러드리면 될까요?"

"삼촌이라고 불러요."

그렇게 나는 삼촌이 되었다.

학교 매점은 외래어로 '친구'라는 뜻의 이름을 하고 있었다. '벗'. 참 좋은 의미였다. 나도 '벗'이 되고 싶었다. 대학 캠퍼스에 있는 사람들에게, 매점에서 근무하는 사장님과 아르바이트생 친구들에게.

당시 매점 옆에는 카페가 있었다. 매점 식구들과 카페 식구들은 비교적 가까운 사이로 지낼 수 있었다. 하루에 한 잔씩은 카페에서 원하는 음료를 마실 수 있었다. 점심시간이 되면 매점의 근무자들은 교대로 식사를 마친 다음 눈빛을 교환했다. 그러고 한 사람이 카페에 가서 음료를 받아왔다.

벗이 되기 위한 나의 노력은 '조금 더' 였다. 정해진 시간보다 조금 더 일해 드리고, 조금 더 많은 일을 끝내놓으려고 했다(물론 손이 느려서 늘 마음처럼 되진 않았다). 조금 더 먼저 인사를 건네고, 조금 더 나아가서 농담을 나눴다. 나중에 퇴사하기로 했을 때도 사장님을 비롯한 매점과 카페의 모든 아르바이트생에게까지 맛있는 잼이 든 병을 사서 각각 포장한 후 드리고 나왔다.

'벗'이 되고 싶었다. 내가 아는 목사 중에는 그래도 괜찮은 사람도 있더라는 말을 누군가 할 수 있게 되면 좋겠다고 생각했다. 내가 목사인 것은 모두가 알았지만, 교회에 관한 얘기도 신앙적인 내용도 먼저 물어보지 않으면 굳이 먼저 말하지 않았다. 존재로서 편안하고 좋은 이웃이면 좋겠다고 생각했다. 목사지만 신앙적인 내용 빼고, 칭찬해 주고 응원해 주는 일을 늘 하려고 했던 것 같다.

퇴사하던 날, 마음 한켠이 아렸다. 몇 개월 같이 일했을 뿐인데 마음에 정이 들었나 보다. 함께 일하던 친구들과 얘기를 나누고 곧 다시 보기로 했다.

'벗'이 될 것만 같았다. 한번은 타코를 구워서 매점에 놀러 가기도 하고, 한번은 일이 끝나고 밖에서 아르바이트생들끼리 밥을 먹었다. 우리 아내도 소개해 주어서, 가족들과 식사도 두 번이나 했다. 이쯤 되면 '벗'이 된 거라고 생각했는데 언제부터 내 마음속에 욕심이 생긴 것 같다. 조금만 더 가까워지면 우리 교회 1호 성도가 될 것만 같았다.

'But'. 그날 이후로 청년은 멀어졌다. 내 마음속에 푸른 멍이 남아 있다. 가끔은 멍하게 이를 느끼며 상념에 젖는다. 왜 나는 나의 자리를 지키지 못했을까 많은 후회를 하기도 한다.

드라마 〈나의 아저씨〉에서 주연 이선균 씨는 처음부터 끝까지 '좋은 어른'으로서의 자리를 지킨다. 불륜이나 신파가 담긴 드라마가 아니라 우리 사회에 꼭 필요한 평범한 어른의 이야기가 있어서 보는 내내 너무나 좋았다.

내가 기대했던 '벗'과 다른 의미로서의 'But'을 맞이한 상황은 내 욕심 때문이었다. 처음 마음이 자리를 지키지 못했기 때문이었다. '삼촌'은 어디까지나 삼촌으로 남았어야 했는데 내가 선을 넘었다.

늦은 밤, 잠에 든 아이들과 아내를 물끄러미 바라보았다. '아빠'는 어디까지나 아빠로 남아야 하고, '남편'은 어디까지나 남편으로 남아야 함을 일깨운다.

자리를 잘 지키는 것이 '벗'으로 남을 수 있는 비결이다.

곧 다시 벚꽃이 피어난다.

아빠 교회는 우리야

한번은 두 아들과 앉아 그림이 그려진 어린이용 큐티책으로 말씀을 읽었다. 큐티 책에는 바울이 컴컴한 바위 감옥 안에서 사람들에게 둘러싸여 복음을 이야기하는 모습이 그려져 있었다. 때마침 좋은 기회 같아서 나는 아이들에게 이렇게 설명했다.

"얘들아, 여기가 어디게?"

"감옥이요!"

아이들이 답했다.

"아냐. 여기는 교회야."

"네?"

아이들의 눈이 휘둥그레졌다.

"교회는 건물이 아니야. 교회는 예수님을 믿는 사람들의 모임이 교회야."

아이들이 빛나는 눈으로 나를 쳐다봤다.

"그러므로 하랑이와 하민이, 엄마와 아빠가 있는 여기 우리 가정이 교회야. 우리가 예수님을 믿고 고백하니까 우리가 교회지."

아이들은 대단한 선생님을 만난 것처럼 아빠를 우러러봤다.

문제는 다음에 일어났다. 큐티책의 본문이 바뀌고 그림 속에는 커다란 성전이 그려져 있었다. 그 앞에 솔로몬이 서서 기뻐하는 표정을 짓고 있었다. 예루살렘 성전이 완공된 것이다. 나는 다시 아이들에게 말했다.

"애들아, 여기가 어디게?"

"궁전이요!"

아이들이 답했다.

나는 얘기했다.

"아냐. 여기는 교회야."

"네?"

이번에는 아이들이 나를 째려봤다.

당시 다섯 살에 불과했던 첫째 아들이 말했다.

"아니죠. 교회는 우리죠."

나는 순간 너무나 당황해서 말을 잇지 못했다.

그래 맞다. 교회는 우리다. 교회는 예수님을 믿는 사람들이지 건물이 교회가 아니다.

나는 어린 시절부터 교회 건물이 성전이라고 배웠고, '교회' 하면 빨간 벽돌과 십자가 탑이 생각났다. 그렇게 자리 잡은 내 안에 교회론은 성인이 되고 신학을 공부하면서 재정의(再定義)되었지만 여전히 내게 남아 있는 무의식은 교회는 건물이라는 것을 그때 알게 되었다.

그런데 우리 아이들은 미취학일 때부터 '교회는 우리'라는 사실을 알고 있다. 아이들에게 교회는 뼛속 깊이 우리다. 그렇게 알고 자란 아이들은 어떤 모습으로 살아갈까? 어떻게 기억할까? 어떻게 연합할까?

나는 그 부분이 너무나 궁금하다. 한때는 가정에서부터 출발한 것이 아이들에게 상처가 될까 생각했던 적도 있었다. 무언가를 덜 제공해 주는 것이 아닐까 걱정되었던 때도 있었다. 그런데 나의 우려와 달리 우리의 아이들에게 교회는 더 즐겁고 다이나믹한 것이 되어 가고 있다. 함께하면 즐거운 우리들이 교회라니.

이 글을 쓰면서 다시 한번 물어봤다.

"하랑아, 교회는 뭐지?"

"사람."

"어떤 사람?"

"예수님을 믿는 사람."

"하랑이는 교회를 생각하면 어때?"

"즐거워요!"

교회 됨은 환경에 영향받지 않고도 충분하게 누릴 수 있다. 하나님 안에서 교제하는 가족이 있고 우정을 나누는 친구들이 있다면 거기가 교회다.

우리의 나눔이 깊이 있고, 우리의 사귐이 기쁨 있다면 그 교회는 이미 건강한 교회다. 하나님은 개척 후 우리에게 교회 됨의 기쁨을 선물해 주셨다.

한 가족의 목사

가정에서 교회를 개척하고 내게 찾아온 두 가지 질문이 있었다. 사실은 결이 같아 하나의 질문일 수도 있다.

첫째는, '계속해서 두 사람만 예배하게 되더라도 행복할 수 있겠는가?'였다. 나 역시 한 사람의 성도로서 하나님을 예배하는 사람으로서 마주하게 된 근원적인 물음이었다. 나는 예배자인가?

둘째는, '평생을 한 가족의 목사가 되더라도 괜찮은가?'였다. 이것은 목사 안수를 받는 과정에서 내게 찾아온 물음이었다. 함께하겠다고 했던 사람들은 미안하다고 연락이 왔고 버젓이 간판을 걸고 목회를 하는 상황이 아니었기 때문에 지나가다 찾아오는 사람이 있을 가능성도 없다. 내가 목사 안수를 받아도 되는 것일까?

한번은 여러 선택지를 놓고 고민하던 시기에 아내에게 물어보았다.

"여보, 나 그냥 슈퍼 평신도(?)로 살까?"

지금 와서 생각하니 얼토당토않은 말이지만, 사역자가 직분을 내려놓고 조용히 다른 교회에 가서 평신도로 섬기면 교회에 더 큰 유익을 줄 수 있지 않을까 싶어서 한 말이었다.

아내가 대답했다.

"그래요. 난 좋아요. 그런데 당신이 안 될걸요?"

맞다. 아내의 말처럼 나는 결국 목회로 되돌아올 것이다. 목회가 힘들지만, 목회가 너무 좋기 때문이다. 그뿐만 아니라 이제는 내가 꿈꾸는 교회론이 있어, 이와 결을 같이하는 곳을 발견하기가 어려울 것이다. 게다가 목회자가 사역지로서가 아닌 지역 교회를 찾아가서 조용히 출석한다는 것은 현실적으로 참 어려운 일이다. 신분을 밝히자니 그쪽에서 부담스러워하고, 숨기자니 양심에 꺼림직하다. 개척이 아니었다면 어느 곳도 쉽게 정착하지 못하고 분명 빙빙 돌았을 것이다.

가정에서 근 1년을 예배드렸다. 매 주일 아내와 식탁에 마주앉아 커피를 내리고 함께 큐티를 나눴다. 결혼 후 그처럼 아내와 많은 얘기를 나눴던 시간이 없었던 것 같다. 특히 신앙적인 나눔은 부교역자로 있을 때는 거의 이뤄지지 않았다. 첫째는 시간이 없었고, 둘째는 나중에 들은 얘기지만 아내 자신도 레벨 차이가 난다고 생각했기 때문에 신앙 나눔을 남편과 하지 않았다.

개척해서 둘이 예배드린 시간은 참 유익했다. 매주 토요일 예배를 준비하며 쿠키를 사고, 원두를 볶았다. 말씀을 읽으며 미리 자료를 찾아 연구를 마쳐 놓았고, 주보를 준비하고 잠자리에 들었다. 주일에 아내와 갖게 될 깊은 나눔을 할 생각에 내 마음은 늘 즐거웠다. 주일 아내와 편히 앉아 좋은 반주를 틀어놓고 말씀을 묵상했다. 간단한 다과를 하면서 말씀에 관해 함께 나눴다. 그 어느 때보다도 우리는 진솔했고, 더 깊은 우정으로 들어갈 수 있었다.

한번은 예배가 끝나고 아내에게 물었다.

"여보, 어쩌면 평생 제자훈련이고 뭐고 배운 것들을 아무것도 못해 볼 수도 있겠다는 생각이 드네. 나 이렇게 평생 한 가족의 목사로 살면 어쩌지?"

아내가 대답했다.

"지금이 좋아요. 그리고 난 그렇게 되어도 좋아요. 여보, 우리 아이들도 볼 거예요. 당신이 제자훈련을 못 한다고 하더라도 아이들이 당신을 통해 제자로 자라면 되죠. 아이들의 입에서 우리 아빠는 좋은 목사님이라고 자신 있게 말할 수 있으면 그걸로 된 거 아니에요?"

아내의 말이 맞다. 그것만 해도 어마어마한 일이다. 가장 가까운 사람들이 나를 보고 예수님의 제자가 되어야겠다고 다짐하게 된다면 그보다 귀한 일이 어디에 있을까!

오래전 부산에 막 부임했을 때 당시 담임 목사님이 하셨던 말씀이 생각난다.

"김 전도사, 많은 사람 모으려고 하지 말아. 전도사님이 사역하고 지나간 자리에 전도사님 같은 사람 한 명 세워 놓으면 사역 잘한 거야."

그렇게 말해 주시는 목사님을 만나서 가슴에서 눈물이 났었다. 그렇게 생각해 주시는 교회에서 사역해서 정말로 행복했었다. 그런데 지금 아내가 내게 그와 같이 말해 줘서 정말 눈물이 핑 돌았다. 당신을 내 마음속의 담임으로 모시겠소. (웃음)

그래 정말 평생 한 가족의 목사로 살 수도 있다. 그게 하나님의 뜻이라면 그것도 나름대로 괜찮다. 물론, 이후로 하나님께서는 우리 교회에 몇 가정을 보내 주셨다. 그러나 이후로 어떻게 될지는 아무도 모른다. 다시 한 가족의 목사가 되더라도 괜찮다. 빈손으로 출발했기에 주어지는 모든 것이 은혜였고, 다시 빈손이 되더라도 감사했다고 고백할 것이다.

한 가족의 목사여서 감사하다. 한 가족의 목사로 출발했기 때문에 만나는 모든 상황이 내게는 은혜다. 한 가족의 목사로서 살 수 있도록 도와준 아내에게 감사의 마음을 전한다.

"하나님, 좋은 아내를 붙여 주셔서 감사합니다."

환경이 스승이다

어린 시절 아버지는 마을 한가운데 자리 잡은 커다란 나무와도 같았다. 시간이 지나고 내 키가 자랄수록 여느 자녀들이 그렇듯 나 또한 아버지가 세상의 중심이 아니라는 사실을 깨달았다. 아버지의 키와 등이 점점 작아 보이기 시작하던 시절, 나의 단기적인 목표는 아버지보다 조금 더 규모가 있는 목회를 해 보는 것이었다.

신학을 공부하고 목회를 하는 동안에 나는 스스로에 대해서 매우 후한 평가를 해 왔었다. 신학교를 들어가고 처음 했던 설교에 당시 함께 설교를 들어 주었던 동기들은 내게 많은 칭찬을 해 주었다. 마음에 깊은 울림이 있었다며 좋은 설교자가 될 것 같다고 말해 주었다. 그 칭찬 이후로 나는 내가 대단한 설교자라도 될 것 같은 기분이 들었다. 마음에 감동을 주는 것은 잘할 수 있을 것 같았다. 극적인 이야기 전개 방식을 취하고 설교에 감정을 싣고, 떨리는 목소리를 담아 전하면 된다고 생각했다. 나는 어느새 제법 괜찮은 설교자가 될 거라는 희망을 갖기 시작했다.

조금 더 공부하던 시기에는 젊고 유능한 설교자들이 교계에서 스타가 되어 있었다. 강단에서 그런 표현을 써도 괜찮을까 싶을 정도로 적나라하고 노골적인 표현을 서슴지 않으면서도 사람들을 웃기고 울리는 설교자의 교회가 청년들로 붐비는 것을 보면서 그의 세련되어 보이는 설교가 부러웠다. 많은 책을 읽고 어제 본 축구 중계와 영화에서 인사이트를 얻어 말하는 설교가 멋져 보였다. 그래서 열심히 흉내를 냈고, 그들의 말투까지 흉내 내었다. 실없는 소리도 적당하게 섞으면 빵빵 웃음을 터뜨리다 눈물 쏙 빼는 설교쯤 쉽게 할 수 있을 것 같았다. 그런데 이상한 일이었다. 나는 분명 좋은 설교자가 되고 있다고 생각했는데, 아버지는 한 번도 가정 예배나 아버지의 교회에서 설교를 시키신 적이 없었다.

사역을 하면서 나의 문제점이 고스란히 드러나기 시작했다. 아니나 다를까 그런 나의 태도는 여러 사역자와 거듭해서 충돌을 일으켰다. 처음에는 저들이 문제 있다고 생각했다. 혹 어떤 분은 경쟁심과 열등감 같은 것을 느끼는 것 같다고 생각했다. 그런데 내가 교만했기 때문에 발생한 문제였다. 하지만 당시에는 그것을 몰랐다.

부산으로 내려가 한 교회 양 예배당 체제 하에 사역을 하면서 나는 꽤 혼란스러웠다. 양 예배당이었기 때문에 청소년부가 예배당별로 있었는데 나보다 청소년 사역을 월등히 잘하는 동료 사역자를 보면서 내 안에 많은 열등감으로 시달려야 했다. 청소년들의 반응이 확연히 다른 것을 보면서 내 안에 조급함도 생겼다. 그래서 실수도 참 많이 했다. 결과적으로 나는 좋은 청소년 사역자가 되지 못했다.

결혼 생활이 길어지면서 아내와의 관계가 역전되고 있음을 느낀다. 연애 때만 해도 지금의 아내는 나와 말싸움이 되지 않았다. 늘 논쟁하려고 하고 성경 이야기만 하는 내게 아내는 두 손 두 발을 다 들었었다. 아내는 당시 그렇게 얘기했다.

"오빠 말이 맞아요. 그런데 이상하죠. 내 마음이 편치 않아요."

그런데 결혼 생활을 오래 하면서 성경을 나보다 모른다고 생각한 아내가 더 지혜롭고, 더 건강한 마음을 가진 것을 발견하고 있다. 교회를 개척하고 지금까지 오는 데 아내는 늘 지혜로운 조언자가 되어 주었고 나는 어느새 아내의 입장을 늘 궁금해하는 사람이 되었다.

이중직을 통해서도 많은 것을 배웠다. 무수히 써 내려간 이력서와 돌아오지 않는 답신은 그동안 내가 쉽게 이야기한 직업과 사람들에 대해서 내가 말할 자격이 없었음을 알게 해 주었다. 간단한 아르바이트조차 쉬운 일이 없다. 나는 서른 넘어서 커피숍에 취직했던 사람들을 보며 다소 안타까운 시선을 보냈던 적이 있었다. 교회를 개척하면서 주중에 아르바이트라도 하려고 스타벅스에 이력서를 써 보냈다. 나는 당연히 될 줄 알았다. 그런데 연락이 없었다. 이후로는 스타벅스에 갈 때마다 점원들이 그렇게 대단해 보일 수가 없었다.

이제 아버지의 삶을 되돌아본다. 교회 건물이 차압당하고 헐리고,

10년 넘게 가정에서 예배를 드리고 계신 아버지. 어머니가 일터에 나가신 것을 보며 나는 마음속으로 다른 삶을 살겠노라고 다짐했었다. 그런데 내가 가정에서 교회를 개척하고 아내를 일터에 내보내 보니 아버지에게 송구한 마음이 들었다. 나는 숭고한 마음이 있어서 이렇게 하고, 아버지는 마지못해 그렇게 하신 것이 아닌데 말이다.

도리어 나는 아버지가 위대해 보였다. 가정에서 교회를 이어 가셨지만, 십수 년을 새벽마다 베란다에 앉아 무릎을 꿇으셨던 아버지. 밤마다 설교 준비로 밤을 지새우신 아버지. 늘 돋보기안경을 쓰고 책과 씨름하셨던 아버지. 그런 아버지처럼 나는 할 수 있을까? 나는 그런 사람이 못 되었다. 그뿐만 아니라 이제 와 목회가 아닌 다른 일을 한다는 것도 내게는 쉬운 일이 아니었다. 다른 길이 없었다.

내가 얼마나 못하는 게 많은 사람인지 알기까지 사람은 겸손해지지 않는 것 같다. 그런 의미에서 환경이 나에게는 스승이었다. 내가 만약 이전보다 조금이라도 겸손케 되었다면 그것은 환경을 통해 내게 깨닫게 해 주신 하나님의 은혜 덕분이다. 고난은 성도에게 여러모로 유익하다.

송구영신 예배

근 1년의 시간을 아내와 둘이서만 예배했을 때 일이다.

"여보, 우리 이제 누가 와도 좋을 것 같은데 송구영신 예배를 광고하고 지인들을 초청하면 어떨까요?"

내가 아내에게 물었다. 사실 개척 초기에 아내는 사생활이 그대로 노출되는 공간에 누가 오는 것을 매우 꺼려했다. 정말로 친한 사람이라고 하더라도 온 집안을 청소해야 맞이할 수 있을 정도로 집을 오픈하는 것에 예민했다.

예전 같으면 가정집에 누굴 초대하는 것에 부담스러움이 있었는데, 이번에는 공개 초청하는 것에 흔쾌히 동의해 주었다.

그러면 해도 되는 것이다. 나는 신이 나서 홍보용 이미지를 만들고, SNS와 지인들에게 개인 문자를 보냈다. 문자를 보내다 보니 욕심이 좀 났다. 오랫동안 연락 못했던 분들에게도 혹시나 하는 마음에 문자를 보냈다. 최소한 내 소식을 듣고 황당해할 분들을 피하고 100명이 넘는 분들께 발송했다.

"이번 송구영신 예배는 개척 교회에 오셔서 함께 기도해 주고 가시면 어떨까요? 치킨 먹으며 근황을 나누고, 자정 전에 함께 예배해요!"

수원에 지인들이 많았기 때문에, 혹시라도 함께 기도해 주실 분들이 있을 것 같았다. 1년 동안 귀찮게 안 했으니 한 번은 부탁을 드려도 될 것 같았다.

시간이 흘렀다. 치킨을 시켜야 하는지 말아야 하는지 고민이 되었다. 믿음으로 시켜야 하나? 몇 마리나? 아내와 의논을 했고, 갑자기 찾아오실 수 있는 분들을 계산하고 혹 남게 되더라도 문제 되지 않도록 우선 5마리만 시키기로 했다. 연말이기 때문에 주문 시간을 놓치면 안 되었다. 믿음으로 주문을 마쳤다.

시간이 흐르고, 내 마음은 애간장이 탔다. 자꾸만 핸드폰을 확인한다. '그래 치킨이 남으면 위층 장인어른 댁에 가져다드리자.' 그렇게 마음을 먹었다. 미안하다는 말보다 침묵이 더 힘들었다. 후회가 밀려왔다. '왜 문자를 보내 가지고….' 지난 1년 동안 부탁 안 하고 잘 지켜 왔는데….'

그때 전화기가 울렸다. 한 동생에게 걸려온 전화다. 출석하는 교회 앞에서 내 문자를 확인했고, 주차장만 몇 바퀴 돌다가 드리는 연락이라고 했다. 송구영신 예배에 함께하겠다고 하면서 한 마디를 보탰다.

"왜 이런 문자를 보내셔 가지고…."

얼마나 고마웠는지 모른다. 지금 생각해도 참 감사하다. 그리고 또 한 청년에게 곧이어 연락이 왔다. 청년 사역을 하던 시절 함께했던 형제다.

"목사님 가도 되나요?"

"그럼!"

그렇게 우리의 첫 송구영신 예배는 두 형제와 함께 연합예배로 드려졌다. 사람들 앞에서 설교해 본 게 언제였던가. 후에 아내는 내가 엄청나게 긴장했던 게 보였다고 했다. 맞다. 그래서 설교를 죽 쒔다. 함께 세워질 교회를 위해 기도하는 시간에는 나 혼자 엄청 은혜를 받았다. 꿈같은 시간이었다.

두 형제가 가고 나서, 침대에 누워 가시지 않는 여운에 잠겼다. 하나님 참 감사합니다. 그렇게 고백이 되었다.

잠시 후 놀라운 일이 벌어졌다. 한 자매님에게 연락이 와있었다. 수원에서 사역할 때 몇 번 인사를 나눴던 분이다. 자매님은 한 번 보면 좋겠다고 했다. 나는 당연히 평일에 온다는 얘긴 줄 알고 토요일이 어떻냐고 물었다. 자매님은 아이와 함께 주일 예배를 드리러 오시겠다고 했다.

그렇게 새해 첫 주일 한 가정이 우리 교회를 찾아오셨고, 우리가 꿈꾸는교회 1호 성도님이 되셨다. 송구영신 예배의 기도가 낳은 기적이다. 정말 옛것은 지나가고 새로운 것을 맞이한 송구영신이었다.

그날 함께 기도해 준 두 형제님에게 감사를 전한다.

02

보폭 맞추기

하나님을 잘 섬긴다면

하나님을 잘 섬기고 싶었다. 사역 초기 교회에서 원하는 사역자의 모습을 갖추려고 노력했다. 삶의 우선순위를 교회와 사역에 초점을 맞췄다. 그런데 그럴수록 내 안에 불만족은 많아졌다. 무엇보다 함께 있는 사람들과 자꾸만 트러블이 났다. 내가 삶의 우선순위를 사역에 두는 순간, 사람들은 홍해가 갈라지듯 두 부류로 나뉘었다. 결을 함께하는 사람과 그렇지 않은 사람으로 나뉘었다.

최근 한 형제와 산책을 하다가 이런 이야기를 들었다. 선교 단체에서 훈련받던 시기에 훈련의 마지막 단계로 해외 선교를 다녀와야 했다. 형제는 자신이 출석하던 교회에서의 해외 선교를 가기로 했었는데 당시 선교 단체 간사님에게 연락이 왔다.

"형제님, 요즘 영적으로 침체되어 계시죠?"

형제는 그렇지 않다고 하면서 사정을 이야기했다. 선교 단체와 함께 움직일 수도 있었지만 본 교회가 우선이어서 그렇게 하기로 했다는 말에 선교 단체에선 형제를 하나님과 멀어진 것이라고 진단을 내렸다. 형제는 너무나 화가 나서 이후 선교 단체와 인연을 끊었다. 그런 모습이 내게도 있었다. 그래서 먼저는 성도들과 트러블이 났다.

"여러분 중에 자신을 예수님의 제자라고 생각하는 분은 손을 들어보세요."

겨우 몇 명의 청년들만 손을 들었다.

"그러면 여러분들은 제자훈련을 받아야 합니다."

신청자는 몇 없었고, 나는 속으로 청년들을 정죄했다. 내 첫 사역의 해는 그렇게 우격다짐 격으로 이뤄졌다(후에 제자훈련에 대한 나의 이해는 교정이 되었다).

가족들과도 트러블이 났다. 아이를 낳자마자 남편을 따라 친인척 한 명 없는 부산으로 내려간 아내는 교회 생활은 만족했지만, 남편과의 생활은 불만족스러웠다. 늘 늦은 귀가에 집에 오면 침대에 누워 코를 골기 바빴다. 함께 있는 시간에는 사역 얘기만 했다. 가끔 해 주는 분리수거 정도로는 함께 산다는 생각이 들지 않았다. 아내는 고립되었고 누구에게도 이를 말할 수 없었다. 이따금 불만이 끓다 넘치면 곧 우리는 다퉜고, 가스레인지 주변을 청소하듯 늦은 시간까지 다툰 마음의 흔적들을 정리해야 했다.

아이들에게도 미안한 일이 많았다. 매년 여름 단기선교 일정이 잡히는 날이 하필 첫째 아들의 생일이었다. 나는 줄곧 선교지에서 아들의 생일을 맞이했다. 아내는 사진을 보내왔다. 사진 속에는 아내가 아이와 함께 미역국 앞에 앉아 웃고 있었다. 나는 바쁜 선교지에서 마음 담긴 답신조차 제대로 하지 못했다.

나의 아빠 노릇은 월요일 하루, 그것조차 피곤함에 반수면 상태로 움직였다. 그래서 그런가? 그 시절 아내의 사진첩엔 아이는 있는데 아빠는 좀처럼 화각에 담기지 않았다. 어쩌면 나의 삶의 방식이 자녀들에게도 고스란히 영향을 미쳤을지 모른다. 말을 많이 걸어 주고 많이 안아 주지 않아서 그런 탓인지 첫째 아이는 말이 늦었고, 둘째 아이는 아빠에게 안기지 않았다.

내게 이런 물음표가 생겼다. 하나님을 열심히 섬긴다고 하는데 왜 이런 문제가 발생하는 걸까? 하나님을 잘 섬기면 그 사람의 가정이 가장 행복해져야 하는데 왜 이런 것일까? 나처럼 교회 쪽으로 치우쳐 있지 않은 아내와 타고난 성질이 그런 것이라고 애꿎은 아이들을 탓하기도 했다.

수원으로 이사를 와 가정 교회로 개척을 시작했을 때 한번은 식탁에 마주 앉아 말씀에 대해 나누던 아내가 마음속 이야기를 꺼내 놨다. 그 당시에 사실은 정신과 상담을 받아 보고 싶었다고. 하루에도 몇 번이나 마음을 다잡고 아이와 집중해서 즐겁게 놀아 주다가도 내가 미쳤나 싶을 정도로 화를 버럭 내며 소리를 지르고 있는 모습 속에 자신도 소스라치게 놀란 적이 많았다고. 아내는 당시의 기억을 회상하며 우울증이나 조울증 초기 증상이지 않았을까 진단을 내린다.

그제야 느꼈다. 내가 하나님을 잘못 섬기고 있었던 거구나. 하나님을 섬기는 열심이 예수님 당시의 종교지도자들과 결이 다르지 않았구나.

가정에서부터 교회를 개척하고 가장 먼저 달라진 것은 나였다. 아내가 살아온 삶을 이해하게 되었다. 아내가 일터에 나가 있는 동안 나는 살림을 도맡아 했다. 해도 해도 끝이 없는 일을 하면서 비로소 집안에서만 살아온 아내에게 미안한 마음이 들었다. 나는 밖에서 사람도 만나고 커피도 마시고 맛있는 밥도 먹고 다니지 않았는가?

내 마음이 달라지니 아내와의 대화도 훨씬 부드러워졌다. 아내가 집으로 돌아오면 강아지가 주인을 맞이하듯 아내를 쫓아다니며 하루의 일과를 물었다. 무언가 역전이 된 느낌이었지만 싫지는 않았다. 아내도 나를 보며 웃어 주었다.

또 한편, 교회를 개척하고 3개월 즈음 되었을 때 맞이한 변화다. 하루는 침대에 누워 있는데 두 아이가 양팔에 누워 잠이 들었다. 아이들이 내 품에 들어와 안겼다. 이것은 내 삶에 너무나 행복한 변화였다.

하나님을 잘 섬긴다면 아내와 아이들의 얼굴이 밝아질 수밖에 없다고 생각한다. 항상 그런 것은 아니지만 대부분 아내와 아이들의 얼굴이 사역의 바로미터(barometer)다. 나는 지금도 종종 아내의 얼굴을 살핀다.

"내 아내와 내 아이들이 가장 행복해야 한다."

그것이 개척하고 난 뒤 내게 알려 주신 하나님의 선물 같은 가르침이었다.

우리는 종종 하나님을 섬긴다고 하면서 많은 것을 놓친다. 건강, 가족, 친구. 시간이 지나고 나면 많은 것이 곪아 있고, 회복은 좀처럼 어렵다. 분명히 기억하자. 가장 가까이에 있는 것은 나만 돌볼 수 있다. 하나님은 나에게 그것들을 맡기셨다. 내가 하나님을 잘 섬긴다는 것에는 이러한 것들까지도 포함이 된다. 우리가 하나님을 잘 섬긴다면 반드시 내 주변의 사람들이 가장 따뜻한 눈으로 나를 바라볼 것이다.

하나님은 회복된 가정과 친구들을 섬김의 결과로써 우리에게 허락해 주신다. 하나님을 잘 섬기는 삶이 가장 행복한 삶이다.

대인기피증

나는 천성적으로 사람을 좋아한다. 살 부딪히는 것을 좋아하고 쉽게 마음을 준다. 사회적 거리두기 같은 것은 내게 어울리지 않았다. 초등학교 시절 시골에서 자란 나는 아파트 놀이터가 아닌 산과 논밭, 개울가에서 우리 형과 함께 놀았다. 마을에 또래가 없었기 때문에 형은 내게 가장 좋은 친구였다. 중학교 3학년 때까지 한 침대에서 형을 끌어안고 잠을 잤다. 나는 마음을 터놓는 우정이 얼마나 행복한지 형을 통해 배웠다. 나는 모든 사람과의 관계 속에서 형과의 관계를 이뤄 보려고 부단히 애를 썼다. 물론 그것은 쉬운 일이 아니었다.

교회를 개척한다고 수원에 올라왔을 때 내게 숨은 기대감이 없었다고 하면 거짓말이다. 수원은 내가 청년 시절을 보낸 교회가 있는 곳이고, 그 교회는 내 첫 사역지였다. 사역을 오래 하지는 않았기 때문에 사역으로 만난 사람들이 아니더라도, 청년 시절 함께 동고동락했던 동역자 중 일부는 힘이 되어 줄 것만 같았다. 그 시절 우리는 너무나 행복했고, 다시 보기를 기대했으니까.

그래서 수원에 올라오자마자 연말 모임을 만들었다. 반갑게도 찾아와 준 친구들이 많았고 그 자리에서 우리는 오래된 마음속 앨범을 열어 이야기보따리를 풀었다. 시간이 무르익고서 헤어질 즈음 나는 용건을 꺼냈다. 앞으로의 계획을 털어놓았다. 나는 친구들의 얼굴에서 수심을 읽었다. 의도가 있는 만남은 나도 참 싫어하는데 나는 참 노골적이었다.

교회 개척에 대한 첫 번째 포스팅을 페이스북에 올렸을 때 정말 많은 응원이 있었는데 갈수록 사람들의 반응이 식어 갔다. 페이스북 친구는 너무나도 많은데 내 글을 읽고 반응 없이 지나가는 것이 무서워지기 시작했다. 나는 침묵의 시선들이 조소하는 시선처럼 느껴져 공개적으로 친구들을 삭제하기 시작했다. 수백 명의 친구를 삭제했던 것 같다. 응원해 줄 마음이 아니라면 내 소식을 보지 말아 달라고 마음속으로 외쳤다.

그때 가장 많이 생각났던 문장이, "가장 어려울 때 친구가 진짜 친구다."라는 말이다. '나는 친구가 없었구나' 하는 생각에 마음이 괴로워졌다.

그때부터 대인기피증이 생겼던 것 같다. 공공장소에서 아는 사람을 만날까 두리번거리기 시작했다. 혹시라도 먼저 발견하면 고개를 돌리거나 발걸음을 늦췄다. 먼저 가시라고. 한번은 마트에 혼자 갈 일이 있었는데 정말 반가운 사람들을 만났다. 예전 같았으면 크게 이름을 부르고 달려갔겠지만, 고개를 숙였다. 주차장에서도 저 멀리 지나가는 사람들을 보았지만, 발걸음을 늦췄다. 나를 보면 부담을 가질 것 같아서. 나의 존재 자체가 사람들에게 부담인 것 같았다. 사람들에게 노출되는 것이 불편함을 주는 것 같은 기분이었다. 나는 쥐구멍에라도 숨고 싶었다.

약 2년의 시간이 지나고 나서야 나는 조금씩 그 마음에서 자유로워지기 시작했다. 내 일상을 찾고 내가 살아가는 삶의 터전에서 만나는 사람들과 행복한 시간을 보냈다. 신기한 것은 그때부터 다시금 사람들이 하나둘 나를 찾아와 주기 시작했다는 점이다. 내게 부탁을 하고 공간을 빌리는 친구들도 나타났다. 내가 안정감을 찾자 다시 내 주변에는 좋은 사람들이 함께하기 시작했다. 그리고 그제야 알게 되었다. 사람들이 나를 향해 미안함을 갖고 있었다는 것을. 만약 4년 전으로 돌아가 그때의 나에게 해 주고 싶은 말을 할 수 있다면 나는 이렇게 말해 주고 싶다.

"사람들이 너를 싫어하는 게 아냐. 미안해서 그래. 그리고 사람들이 너만 감시하듯 보고 사는 것도 아냐. 각자 자신들이 살아가는 삶도 바쁘고 치열해서 그래. 마음의 겨를이 없어서 그래. 마음 한켠에는 너의 용기와 도전을 응원하고 진심으로 잘되기를 바라는 사람들이야. 그러니 너무 자책하지 마. 그들은 너의 걸음을 응원한다고."

그날 마트에서 내가 피했던 친구는, 지금 우리 하랑이가 다니는 도장의 관장님이 되어 있다. 하랑이를 데리고 오라고 해서 갔더니 계속 보내라고 한다. 돈을 건네려고 했더니 극구 말리면서 형에게 받은 게 많은데 내가 조카에게 어떻게 돈을 받느냐고 말한다. 입학 전까지만 보내려고 했는데 계속 보내라고 한다. 하랑이의 입학 선물을 몰래 챙겨 주며, 매주 기다리고 있다고 말한다.

나는 생각보다 많은 사람에게 사랑을 받고 있었다.

이제는 친구들에게 이야기하고 싶다.

"미안함을 갖게 해서 미안해. 그리고 이제 미안해하지 않아도 돼. 너희들이 행복하게 사는 것처럼 나도 행복하게 살고 있으니까. 우리 서로의 인생을 마음껏 응원하자꾸나."

파이팅, 내 벗들이여!

반갑게 인사합시다!

인간론을 무시할 수 없다

원래부터 가정에서 개척하려고 했던 것은 아니다. 초기에 나는 학교를 빌려 예배 장소로 사용한 교회의 사례나 주말에 쉬는 카페나 사무실을 빌려 쓰는 것을 염두했다. 겨우 한 달에 네 번 사용하는데, 임대하는 것은 부담이 컸고, 소정의 사용료를 내면 될 것 같았다. 그런데 막상 이사 와서 보니 그런 곳을 제공하는 사람을 만날 방도를 몰랐다. 주말에 쉬는 공간을 찾기도 어려울뿐더러 다짜고짜 부탁하기에는 내게 용기가 없었다. 나는 한편으로는 어쩔 수 없이 가정에서 예배를 시작해야 했다.

신약 성경에서 바울은 교회를 두 가지 단어로 구분하여 사용한다. 가정 단위의 교회를 '오이코스(oikos)'라 하고, 가정교회가 모인 지역교회를 '에클레시아(ecclesia)'. 《오가닉 처치》(*Organic Church*)의 저자 닐 콜(Neil Cole)의 책을 대학원 때 흥미롭게 읽었는데, 닐 콜의 교회는 '가정 교회'적이면서 연합된 '지역 교회'의 모습을 갖추고 있었다. 각 가정에서 교회로 모였고, 흩어진 교회들끼리 네트워크를 이룸으로

써 공간의 제약을 벗어나 커다란 연합을 이룰 수 있었다. 나는 닐 콜의 사례를 평소에 흠모해 왔었는데 이제 그것을 적용해야 할 때가 왔다고 생각했다. 물질 만능 사회에서 그렇게 교회가 세워질 수 있다는 것을 나도 보고 싶었고, 사람들에게도 보여 주고 싶었다. 이야말로 하나님이 하신 일이 선명하지 않은가?

그런데 내가 간과한 것이 있었다. 그것은 '인간론'이었다. 나는 개척 당사자이기 때문에 그것이 어렵지 않았다. 하지만 다수의 사람은 그렇지 않았다. 그런 사례는 흔히 보기 힘들었기 때문에 받아들이기도 쉽지 않았다. 더군다나 현대 사회는 집이라는 공간이 매우 개인적인 공간이 되어서 누군가의 집을 방문한다는 것이 이미 쉬운 일이 아니다. 그런데도 감사한 것은 집에서 예배할 때 외부에서 한 가정이 왔다는 점이다. 한 가족의 목사가 두 가족의 목사가 되었다. 하나님이 불가능한 땅에 교회를 세우신다.

나는 1년간 가정에서 아내와 예배를 드리고 조금 더 사람들이 이용하기 좋은 예배 장소를 찾기로 했다. 페이스북에 공개적으로 마음을 나눴다. 지인들에게도 예배 공간을 찾고 있음을 알렸다. 감사한 것은 여러 사람들이 좋은 제안을 해 주었다는 점이다. 인근에 새롭게 창업하는 넓은 카페 공간을 주말에 사용할 수 있게 해 주겠다는 제안도 있었고, 차로 40분 정도 떨어진 도시에 위치한 상가 건물의 넓은 공간을 무상으로 빌려 주겠다는 분도 있었다. 그 밖에도 좋은 제안들이 있었다. 장인어른까지도 지하실이 비어 있으니 그곳을 치우고 거기서라도 시작해 보는 것은 어떻겠냐고 하셨다. 한꺼번에 여러 가지 제안들을 받으니 마음속으로 결정하기가 쉽지 않았다.

결과적으로 지하실로 결정했다. 아직 넓은 공간이 필요한 것도 아니었고, 한 가정이 오기로 한 상황에서 다른 도시로 가는 것도 불가능해 보였다. 그리고 매달 사용료를 드리는 게 도리인데 개척 초기에 그마저도 형편이 넉넉지 않았다. 조금 더 사람이 늘어나고 공간의 필요성이 발견되면 한 번 더 이동하는 편이 좋을 것 같았다.

차라리 20평 조금 넘는 낡고 어두운 지하를 근사한 카페 같은 아지트로 만들어 보자! 임대료가 안 나가니 공사 기간이 길어져도 문제 되지 않는다. 주말마다 손수 하면 인건비도 줄일 수 있다. 이런 생각을 하면서 그날 나는 먼지가 두툼한 지하실을 다시 보게 되었다. 아직 주중 사역도 없는데 집이랑 가깝고 얼마나 좋은가!(사실 이마저도 특별한 케이스임을 잘 알기에 빌려 주신 장인어른과 도움의 손길을 이끄신 하나님께 감사를 드린다.)

사람들은 공간에서 안정감을 느낀다. 내 집이 있어야 숨을 돌리기 시작하듯 내가 다니는 교회가 공간으로서도 편안하고 사람들도 초대할 수 있는 곳이어야 안심이 된다. 그런 의미에서 주차 공간이 넉넉하고, 자녀들을 안심하고 맡길 수 있는 환경이 되는 교회에 가는 부모들의 심정이 십분 이해가 된다. 그것을 속되다고 말할 수는 없다. 도리어 주차 공간이 열악하고, 자녀들이 뛰어놀기에는 좋지 않은 환경인데도 함께하고 있는 지금 우리 교회 가족들에게 칭찬과 감사한 마음을 전해야 할 것 같다.

지하에 만든 아지트는 집과 교회 건물의 중간 즈음의 정체성을 갖는 것 같다. 향후 기회가 된다면 좀 더 사람들이 접근하기 좋은 공간으로 나가고 싶다. 마침 몇 분이 더 오셔서 예배 공간이 협소해지고 있다. 나는 이제 인간론을 존중한다.

버려진 것들이 모여

세 번의 부교역자 생활을 하면서 나는 두 번은 내 발로 나왔고, 한 번은 사임을 당했다. 내가 가장 사랑했던 교회에서 사임을 권고받았을 때, 마음이 참 어려웠다.

"다른 방법이 없나요?"

버려진다는 것은 쓸모가 없어졌음을 의미한다. 이는 우리 사회에서 분명 수치스러운 일이다. 친구가 주는 물건은 괜찮지만 버려진 물건을 주워 오는 것은 왠지 부끄럽다. 어린 시절 부모님은 자꾸 밖에서 물건을 주워 오셨다. 우리 집 식탁도, 가구도, 가전도 심지어는 우산도 아버지와 어머니의 눈에 발견되어 집으로 들어온 게 많았다. 나는 지금도 생생히 기억한다. 마치 보물이라도 발견한 것처럼 기뻐하시던 부모님의 얼굴을. 물론 어린 시절 내게 그러한 날들은 별로 반갑지 않았다.

"차라리, 새로 사시지…."

한편 버려진 동물에 대해서는 나는 마음이 잘 움직였다. 길 잃은 강아지를 집으로 데리고 간 적도 있었고, 길에서 생활하는 고양이들을 보면 한쪽에 밥그릇을 갖다 놓고 먹이를 제공하기도 했다. 생명은 살아 있으니까 돌봐야 한다고 생각했다. 가끔 길 위에서의 전투로 얼굴을 다친 동물들을 보면 마음이 참 아프다. 지금도 우리 집 아래에는 고양이 급식소가 마련되어 있다.

'수고하고 무거운 짐 진 고양이들아, 다 내게로 오라. 내가 먹이를 주리라.'

단독 주택의 지하실을 예배 공간으로 사용하기 위해서는 우선 공간을 깨끗하게 비워내야 했다. 공간을 들여다보며 새롭게 알게 된 사실은 오래된 건물에는 전쟁의 공습을 대비해 만들어진 반공호가 있다는 것이다. 우리 집 지하실도 그런 목적으로 만들어졌다. 영화 〈터미네이터 3〉(Terminator 3)에서나 볼 법한 먼지 가득한 지하 벙커가 우리가 예배 장소로 사용할 공간이었다. 우리는 그곳을 '카타콤'(Catacomb)이라고 불렀다. 초기 기독교 신자들이 믿음을 지키기 위해서 숨어서 예배하고 교제했던 지하 무덤의 이름을 본떴다.

나와 아내는 당시 둘 다 일을 하고 있었다. 나는 조명 회사에서 포장과 배송하는 일을 하고 있었고, 아내는 유치원에서 아이들을 돌보고 있었다. 6개월의 시간 동안 주말을 활용해 공사를 했다. 틈틈이 여러 사람들의 도움의 손길도 있었다. 처남은 창고의 짐을 비워주었고, 한 형제는 벽에 붙은 낡은 벽지를 제거해 주었다. 전기 공사를 도와주신 집사님이 있었고, 회사의 동료들은 바닥 공사와 조명 설치를 도와주었다. 모두 다 한마음으로 이 공간이 만들어지길 응원해 주었다. 우리 아이들도 일을 거들었다. 붓을 들고 벽에 예쁘게 페인트를 발라 주었다. 한쪽 방을 칠할 때 다른 쪽 방에 텐트를 쳐 놓고 잠시 쉬어 가면서.

카타콤을 그렇게 비우고 기초 공사를 마친 다음 우리는 가구들을 채워 넣기 시작했다. 조립식 가구점도 여러 번 갔지만, 수차례 길가에 버려져 있는 가구들을 주워다 리폼해서 채워 넣었다. 신기하게도 그때는 참 그런 물건들이 눈에 많이 보였다. 하나님이 내가 지나가는 길목마다 미리 갖다 놓으신 것 같았다. 보물을 발견한 기분이었다.

'여호와 이레!(준비하시는 하나님)'

요즘 나는 당근마켓에서 거래를 자주 한다. 아이들이 읽을 책도 사고, 내가 입을 셔츠도 산다. 찾아보면 종종 멀쩡한 물건이 저렴하게 올라온다. 생각해 보면 버려진 것들을 재활용하는 것만큼이나 하나님 나라 구현에 걸맞은 실천이 없는 것 같다. 에스겔이 마른 뼈들을 바라보며 일어서는 사람을 보았던 것처럼 우리에게도 예언자적인 상상력이 필요하다.

하나님은 세상을 창조하실 때 땅의 흙을 보시고 우리가 행복하게 살아가는 모습을 상상하셨다. 그분의 손이 닿고 그분의 호흡이 닿는 순간 점토에 불과했던 우리는 살아서 움직였다.

버려진 장소, 버려진 물건, 버려진 사람들이 만나 아름답게 꽃 피운 일들은 성경 속에서 중요한 주제 중에 하나다. 하나님은 지금도 만물을 회복케 하시는 분으로서 우리 주변에 우리의 시선이 닿길 기다리는 것들을 이따금 보여 주신다. 사람, 장소, 사물 등.

길을 가다 잠시 멈춰서 물끄러미 바라보자. 이런 이야기가 들릴지도 모른다.

"여기야. 한 번만 더 생각해 봐줘!"

저마다 빛나는 장소가 있다

학교 매점 일을 그만두었던 건 카페 교회를 해 보고 싶었던 마음 때문이었다. 이왕 일하려면 현장에서 배워 가며 일하는 게 좋겠다는 생각이 들었다. 생업과 목회를 같이 해내면서도 공간 문제를 해결할 수 있는 방법 중 하나가 카페 창업이라고 생각했다. 생각해 볼수록 카페 교회를 하면 좋을 것 같았다. 주일에는 예배를 드리고, 평일에는 매일 찾아오는 이웃들과 친구가 될 수 있을 것만 같았고, 사장이니 시간도 내 마음대로 활용할 수 있을 것 같았다. 길을 가다 보이는 근사한 통유리의 카페를 보면서는 '저런 곳에서 해야 해.'라고 생각하고 반대로 후미진 장소에 있는 카페의 인테리어를 보면서 '왜 저기서 했지? 나라면 저렇게 안 할 텐데.'라고 하면서 나 자신의 안목을 칭찬했다.

그러나 현실을 전혀 모르고 하는 소리였다. 사람들은 카페 주인을 만나려고 카페에 가지 않는다. 그뿐만 아니라 카페는 주말이 영업의 피크(peak)다. 주말에 쉬는 카페는 영업할 의향이 없는 것과 같다.

시간도 모자라다. 직원을 두려면 내가 가져갈 게 없고, 내가 일하면 아침부터 늦은 저녁까지 쉼 없이 일해야 한다. 인테리어? 아무리 돈을 들여도 몇 년 후 임대료가 오르면 다 뜯어서 나가야 한다. 투자한 금액을 회수하는 일도 어렵지만 투자할 돈도 없었다.

그뿐만 아니라 커피를 좋아하고 커피숍을 즐기는 것과 커피 장사를 하는 것은 완전히 다른 일이다. 매점을 나오고 브런치 카페에서 아르바이트를 할 수 있는 기회를 얻었다. 삼 개월 일하고 죄송하다고 말씀드렸다. 정신없이 분주한 가운데 혼비백산하고 있는 나를 발견하였기 때문이다. 더 민폐가 되지 않기 위해서라도 나오는 게 맞았다. 그제서야 알았다. 내가 좋아하는 카페는, 내가 손님으로 간 카페였다.

사람마다 빛나는 장소와 역할이 있다. 여기서 실패했다고 해서 주눅 들지 않아도 되는 것이 저기서는 잘 맞는 경우가 있기 때문이다. 나의 부사역자 시절은 늘 옷에 맞지 않는 무언가를 입은 시간처럼 부자연스러웠다. 돌아보면 썩 사역을 잘하지도 못했다. 지금도 부사역자의 자리에 있었다면 나는 어딘가 불편한 기색을 계속해서 띠고 있었을 것이다. 그러나 교회를 개척하고 나는 너무나 행복하고 신나게 목회 활동을 하고 있다. 마음이 잘 맞는 분들이 오셔서 매주일 함께 즐거운 대화를 나눈다. 성도님들이 여기저기 놀러 가자고 제안도 해 주신다. 우리 아내는 내게 지금의 자리가 더 어울린다고 말한다.

많은 사역자들이 좋지 않게 교회를 떠나게 되면 스스로를 자책한다. 게다가 여러 차례 비슷한 일까지 겪으면 깊은 우울감 때문에 사역에 대한 동력마저 잃어버린다. 그러나 당신의 책임이 아니다. 아직 잘 맞는 자리와 역할을 만나지 못했기 때문이다. 당신도 어딘가에선 물 만난 물고기가 될 것이다.

회사에서 받는 사례비

침례신학 대학원에 다니던 시절, 토론 수업이 있었다. 학생들은 두 패널로 나뉘어 신학적으로 대립하는 주제들로 맞섰다. "세례가 맞는가, 침례가 맞는가? 구원은 하나님의 주권인가, 인간의 자유의지의 결과인가?" 등. 흥미로운 주제들로 매시간이 유익했다. 한번은 '목회자의 이중직' 문제가 테이블 위에 올랐다. 당시 참관자였기에 한쪽 진영을 마음속으로 응원했다.

"저는 (당연히) 목회자의 이중직을 반대합니다."

내가 아무것도 없이 교회 개척을 시도할 수 있었던 이유는 생계의 문제를 스스로 해결하면 된다는 생각의 전환 덕이었다. 이중직. 내가 주중에 일하면 우리 가족을 지킬 수 있고, 주말에는 사랑하는 교회도 세워 갈 수 있다. 만약 당시 이 생각에 닿지 않았다면 지금 우리의 교회는 세워져 있을까?

물론 다수의 사람이 호소하듯 연구할 시간이 부족한 것은 이중직의 아쉬움이다. 하지만 반대로 사람을 직접 만나고 알아갈 수 있는 관계의 풍족함이 있는 것 또한 사실이다. 교회 안에 있을 때는 찾아오는 교인들만 만났는데, 일터에 나가 보니 목회의 레이더망 밖에 있는 비신자들을 매일같이 만날 수 있었다. 이것이 가장 큰 만족이었다. 둘째는, 비신자들과 더불어 살아가는 신자들을 볼 수 있는 기회였다. 비신자들 속에서 신자들의 말과 삶을 지켜보며 세상에서 교인들을 어떻게 바라보는지를 다소 이해하게 되었다. 그리고 셋째로는 성도들의 삶을 헤아려 보는 기회가 된 점이다. 매일같이 녹초가 될 정도로 일하고 쥐꼬리만 한 월급을 받아 가며 주중에까지 교회에 오셨던 성도들, 매 주일 헌금을 하시던 분들이 생각났다.

종교개혁가 마틴 루터(Martin Luther)는 "모든 신자가 사제"라는 것을 선언했다. 그에게 있어 사역자와 평신도는 포지션(position)이 다른 것이지 콜링(calling)은 같다. 우리는 모두 하나님의 나라와 그분의 의를 위해 부름받았다. 그러므로 교회 안이든 밖이든 모든 신자가 살아가는 삶의 자리는 또 하나의 목회지로 바라봐야 한다. 존 웨슬리(John Wesley)도 "세계는 나의 교구"라며 교회의 담벼락을 허물었다. 그러므로 만약 우리가 이중직을 경시한다면, 일터에 있는 성도들을 향해 도덕적 우월감을 드러내는 것과 다르지 않다.

교회 안이든 밖이든 우리는 모두가 각 자리에 파송된 목사다. 어떤 사람은 교회 안에서 일하고 사례를 받고, 어떤 사람은 교회 밖에서 일하고 사례를 받는다. 모든 월급이 하나님이 주시는 사례비다.

우리의 노동과 봉사에 대한 그분의 격려다. 그러므로 서로를 배타적으로 대하지 않았으면 좋겠다. 많은 경우 교회 안에 있는 목회자들은 이중직 목회자를 경시하고, 일터에서 일하는 목회자들은 교회 안에만 있는 목회자를 무시한다. 개인적으로 이중직에 대한 논의는 이중직 목회자들 안에서 이뤄지면 좋겠고, 마찬가지로 전통적인 방식을 따르는 목회자들에 대해서도 이중직 목회자들 또한 도덕적인 우월감을 갖지 않으면 좋겠다.

"발령권자는 하나님"이라는 말을 듣고 자랐다. 각자의 자리에 보내신 분이 하나님임을 기억하며, 서로의 사역을 응원하고 함께 연합하는 성숙한 목회 문화가 형성되면 좋겠다.

너의 결혼식

하나님을 잘 섬기려는 마음이 커질 때 쉽게 놓치게 되는 것 중 하나는 이전에 알고 지내던 사람들과의 관계다. 2007년 평택에서 수원으로 교회를 다니게 되면서 나는 그해 여름에 회심했고, 나의 모든 생활은 교회를 중심으로 세팅이 되었다. 고향 친구들이 처음에는 이해하다가 시간이 지나면서 섭섭해하던 것을 기억한다.

"병완아, 이번에 우리 모이는 데 올 수 있어? 너는 이제 술을 안 마시니까 와서 식사만이라도 하고 가."

대개 약속 시간은 주말이었고, 나는 늘 교회에서 무언가 할 것이 있어 양해를 구했다. 고향 친구들은 점차 나를 찾지 않게 되었다.

전통적인 교회에서 사역할 때 가장 못 했던 것 중 하나가 교회 밖 지인들의 결혼식에 참석하는 것이었다. 교회의 사역은 주말을 중심으로 돌아가기 때문에 토요일과 주일은 늘 교회를 벗어나기 힘들었다. 교인들이 시간을 내어서 모이는 모임에 사역자가 일정을 빼서 어딘가를 다녀오는 것이 늘 부담스러웠다. 누구도 그렇게 하라고 하지 않았지만, 왠지 그렇게 해야만 할 것 같았다. 결혼식 초대를 받으면 나는 늘 진심 없는 문자를 마지막에 보내야 했다.

"최대한 시간을 내서 가 볼게."

직장인이 일을 우선으로 여길 때와 같이 사역자 또한 목회 자체를 우선으로 여길 때 놓치는 기본적인 도리가 있다.

"너희는 먼저 그의 나라와 그의 의를 구하라. 그리하면 이 모든 것을 너희에게 더하리시라"(마 6:33).

이 말씀은 우리가 하나님의 나라를 우선순위에 둘 때 나머지 삶의 필요들을 하나님께서 책임지시겠다는 약속이다. 문제는 하나님의 나라를 어떻게 볼 것인가이다.

오래전 이단에 빠진 동생이 있었다. 그 친구는 점차 교회를 향해 열심을 가지더니, 후에는 부모님께 거짓말을 하기 시작했고 관계는 늘 다툼이 끊이질 않았다. 시간이 지나고 이단 교회를 탈출한 뒤 그는 이야기했다.

"형, 거기서 목사님의 말씀을 먼저 들으라고 했어요. 부모님이랑 갈등이 생기는 것이 자연스러운 것이라면서 제가 잘 믿는 것이 부모님이 구원받는 방법이라고 했어요."

이단 사이비에 빠진 사람들의 특징 중 하나는 단연 '단절됨'이다. 세상에 사는 평범한 사람이라고 부르기 애매한 끊어진 느낌이 있다.

그뿐만 아니라 가족들과 그들은 단절된다. 오롯이 그들이 속한 공동체 안에서만 생활의 모든 것이 이뤄진다.

비단 그들만의 문제가 아니다. 우리가 하나님의 나라를 교회로만 국한시킨다면 이러한 부작용은 우리에게도 적용된다. 우리가 아무리 교회 안에서 행복하고, 좋은 사람들과 교제하며 건강한 커뮤니티를 이루고 있다 하더라도 우리를 알고 지내던 주변의 가족, 친구, 친척들이 볼 때 '이기적인 사람'이라면 우리는 다시 생각해 봐야 한다. 하나님의 나라를 교회 안으로만 국한하고 있는 것이 아닌가?

돌아보면 나는 늘 코앞만 보았던 것 같다. 지금 교회, 지금 눈앞에 있는 사람들이 나에게는 가장 중요했다. 결과적으로 오래된 나의 친구들과 친척들은 나에게 서운함을 갖고 멀어졌고 이것을 다시 회복하는 데 많은 시간이 걸렸다. 하나님을 잘 섬긴다는 것은 무엇일까? 여러 의미가 있지만 '하나님을 알지 못하는 사람들이 우리를 통해 하나님을 인정하게 되는 일'이 아닐까?

개척 교회를 하고 시간이 자유로워졌다. 초대받은 자리는 꼭 참석하는 편이다. 최소한의 도리를 다할 수 있다는 것이 참 감사했다. 전통 교회에서는 사역자들이 여럿 있고, 교회 안의 평신도 리더십들이 있다. 결혼식이나 장례식 등 이웃에게 우리가 필요한 자리라면 꼭 다녀올 수 있도록 상호 보충해 주는 공동체가 되면 좋겠다.

우리를 통해 예수님을 맛보아야 할 사람들은 교회 밖에도 있다.

새가족 카드

가정 교회를 하면서 한참 누림이 깊어져 갈 때다. 예배 후에 아내와 나들이를 나가면서 이렇게 물었다.

"이렇게 좋은데 왜 안 오죠?"

지하실을 고쳐 카타콤을 만들었을 때도 주중에 놀러 오는 사람은 있는데, 주일에 함께 예배를 드리러 오겠다는 사람은 없었다. 그러다 문득 당연한 결론에 도달했다.

'올 만한 사람들은 이미 자신의 교회를 잘 섬기고 있구나.'

그때서야 상황이 이해되었다. 완전 비신자를 전도해서 처음부터 시작하지 않는 이상 교회 경험이 있는 사람들이 굳이 환경도 좋지 않고, 사람도 없는 곳에 와서 예배를 드려야 할 이유가 없었다. 우리 교회에 새로운 가족이 생기는 것은 어려울 수도 있다는 생각을 그때 했다.

나와 아내는 다시금 마음을 다잡았다. 우리 가족 네 사람만으로 충분했으니 다른 사람이 오지 않아도 괜찮다. 새가족 카드를 사 놓으면 사용하지 않은 카드를 보며 허탈한 마음이 들 터이니 그것도 구비하지 말자. 누군가 주일에 방문하겠다고 하면 평소와 동일하게 예배를 드리고 가볍게 보내드리자. 나라도 개척 교회에서 붙잡으면 부담스러우니까.

프랑스 동부에는 '떼제 공동체'(The Taizé Community)라는 곳이 있다. 1940년에 로제(Roger Schütz) 수사에 의해 만들어진 초교파 기독교 수도회로 한 해에도 수천 명의 순례객이 방문하여 기도와 묵상을 중심으로 공동생활을 한다. 헌신된 원 멤버십을 제외하곤 사람들이 계속 바뀐다. 서로 모르는 사람들이 단순한 예배와 공동체 생활 속에서 치유와 회복을 경험하고 자기의 자리로 돌아간다.

우리 교회가 이처럼 믿음의 여행에 지친 순례자들이 잠시 쉬어 가는 곳이 되면 어떨까? 어떤 교회 하나 쯤은 그렇게 문이 활짝 열려 있고, 말 거는 이 없이 편히 다녀갈 수 있는 곳이 되면 어떨까?

그러던 어느 날, 오래전부터 교제해 오던 한 가정의 형제 분에게 연락이 왔다. 11월부터 예배를 드려 보고 싶다고 했다. 나와 아내는 이 가정이 잠시 쉬어 가는 시간 속에 함께할 수 있음에 감사를 드렸다.

"저희 교회는 교적이 없으니 편하게 다녀가세요."

한 주 또 한 주 예배를 드렸고, 셋째 주에도 예배를 드리고 돌아가는 가정에 인사를 드렸다.

"이번 주도 함께 예배해서 행복했습니다."

그런데 형제님이 평소와 다르게 진지하게 나를 보면서 말했다.

"목사님, 저희 이제는 가족으로 받아 주세요."

나는 그 말을 잊지 못한다. 나는 개척 교회를 하면서, 새로운 가족이 생긴다는 것은 어려울 수도 있다고 생각했다. 그런데 하나님께서는 또 하나의 가정을 보내 주시고는 먼저 이 말을 듣게 하셨다.

"저희 이제는 가족으로 받아 주세요."

우리 말고는 가족이 더 없다고 생각했는데, 우리가 그 가정에 먼저 가족으로 받아들여졌다. 형제님이 말씀하실 때 나는 마음속에서 새가족 카드를 꺼내어 내 이름을 적어 넣었다.

꽃은 향기를 발할 뿐

청년 시절 연애를 못하던 내게, 은사인 김현성 목사님께서는 이렇게 말씀해 주셨다.

"꽃은 향기를 발할 뿐, 벌을 쫓아다니지 않는다. 병완아, 사람 쫓아다니지 말고, 먼저 매력을 갖춰."

말씀의 요지는 이것이다. 건강한 신앙인들이 보는 배우자의 기준은 무엇일까? 하나님 안에서 건강한 생각과 인격, 영성을 갖춘 것이다. 그러므로 내가 신실한 기독교인 배우자를 만나려고 한다면, 그 사람을 사귈 방법을 찾는 게 아니라 나와 하나님과의 관계를 먼저 올바르게 세워야 한다는 것이다.

교회도 식물과 같다고 생각한다. 처음 교회를 개척하고 내가 받은 시선은 '저것이 교회가 맞나?'였다. 실제로 한 평신도 선배가 내게 이런 말을 했었다.

"개척하면서부터 후원금을 모집하면 어떡하나. 아직 교회 건물도 없는데 요즘 사람들은 그런 모습을 보면서도 시험에 들 수 있다."

가정에서 교회를 개척하고, 많은 사람은 질문하지 않을 수 없었을 것이다. '저것이 교회가 맞나?' 그런데 1년, 2년 시간이 지나면서 그 자리에 계속 존재하고 자라나니 사람들이 먼저 물어오기 시작했다.

"요즘 교회는 어때?"

살아 있으면, 계속 존재하면 어느 순간 인정받게 된다. 시간의 검증이 끝나면 그 자체로 존중받게 된다. 그것도 아무나 할 수 있는 일이 아니기 때문이다. 그러므로 그 시간의 검증을 하는 동안에 해야 할 일은 사람들의 눈에 검증될 만한 방법을 찾는 것이 아니라, 바로 내 눈앞에 나와 함께하는 가족 혹은 개척 멤버가 되는 성도들에게 집중하는 것이다. 며칠 전 가정에서의 교회 개척을 준비하는 동료 목사님에게 이런 문자를 보냈다.

"내 앞에 있는 대상에 따라 목회가 달라지는 것 같아요. 우선 사모님과 아이가 행복한 것을 찾으세요. 그러면 목사님도 행복할 거예요. 그러고 나서 가정에서 무언가 피어오르는 향기를 맡고 오시는 분이 있으면, 그분들과 또 행복한 목회를 찾으세요. 목회도 생물인 것 같아요."

유튜브에서 S목사님의 교회 개척 관련 메시지를 본 적이 있다. 기억에 남는 말이 있다.

"과거에 머물지 마세요. 미래의 목회를 하세요."

무슨 말이냐면, 지금 내 눈앞에 있는 대상을 놓고 과거의 방식을 적용하려고 하면 자꾸 어려움이 생긴다는 말이다. 현재 내 앞에 있는 분들을 섬길 새로운 방식을 찾아야 한다.

그러므로 전통적인 하나의 포맷, 성공적인 개척의 방식을 따를 것이 아니라 내 눈앞에 있는 사람들과 행복할 수 있는 목회의 방법을 찾아야 한다. 사람이 늘어나면 그때 또 맞는 방법을 찾으면 된다. 그래야 사람이 적어도 낙심하지 않을 수 있고, 얼마든지 행복한 예배, 신나는 교회 생활을 할 수 있다. 생각해 보면, 아내와 아이들 둘 앉아 있는데 전통적인 순서를 따라 대표 기도자를 세우고, 성경 봉독하는 사람을 세우고, 등등을 다 한다고 하면 그 자체로 부자연스럽고 불편한 시간이 될 것이다. 현재 내 눈앞에 있는 대상과 함께 행복하게 하나님을 예배할 방법을 찾는 것이 좋다. 목회도 살아 있는 생물이기 때문이다.

산속에 있는 칡은 찾아서 캐내야 하지만, 꽃은 자연스럽게 벌을 이끈다. 교회의 원 멤버인 사모님과 자녀들이 행복해하고 성장한다면 그 교회는 느리더라도 자연스럽게 성장하게 되어 있다. 꽃은 향기를 발할 뿐 벌을 좇아다니지 않는다.

굳은 얼굴을 다시 웃게 하시는

10년 전 일이다. 신학생 시절, 교회 청년들과 함께 일본 선교를 하러 갔다. 며칠 동안 부지런히 사역하고 숙소로 돌아왔는데 어머니께 문자가 와 있었다.

"아들, 이번에 집에 돌아오면 엄마가 아들 식사를 준비 못 해 줄 것 같네. 나중에 오면 얘기해 줄게. 잘하고 와."

평소 그렇게 말씀하시는 분이 아니어서, 나는 직감적으로 무슨 일이 일어난 것을 알았다. 어머니께 바로 전화를 드렸고 어머니는 조금 당황하시며 전화를 받았다.

"어머니, 무슨 일이세요?"

아버지가 신학교를 가시면서부터 꽃집을 인계받아 일하기 시작하신 어머니는 늘 일터에 계셨다. 꽃집을 접고 이런저런 일을 하시다가 그 시절에는 화장품 방문 판매를 하고 계셨다. 어머니는 두 개의 캐리어를 샘플로 가득 채우시고는 늘 이른 아침 다른 도시로 찾아가셨고, 늦은 저녁 돌아오셨다. 어머니는 어떤 일을 할 때마다 어머니의 천직에 잘 맞는다며 늘 감사를 말씀하셨다. 화장품 판매도 참 마음이 힘드셨을 텐데 몸을 움직이며 사람들을 만나니 너무 신이 난다고 말씀하셨다. 그리고 혹한의 겨울, 어머니는 낮에 웃으며 나가셨다가 저녁에 돌아오셨는데, 얼굴의 절반이 마비된 것이었다. 구안와사(口眼喎斜). 피로와 스트레스로 얼굴 근육이 마비되는 증상이다. 심하면 영구적으로 회복이 되지 않는다.

나는 그날 통화를 마치고 너무 절망이 되었다. 우리 어머니의 사랑스러운 얼굴, 늘 감사를 말하며 활짝 미소 짓는 얼굴이 생각나서 절로 눈물이 나왔다. 홀로 숙소를 떠나 예배당에 앉아 눈물로 무릎을 적시며 애꿎은 무릎을 주먹으로 반복해서 내리쳤다.

"하나님, 너무하신 것 아닙니까? 왜 저희 어머니가 얼굴이 마비되셔야 합니까? 왜 그러셔야 했습니까?"

눈물로 하나님을 원망하면서 기도할수록 어머니의 얼굴이 만화 배트맨 속의 악당 투페이스처럼 절반은 굳어 있고, 절반으로 미소 짓고 있었다. 나는 더욱 오열했다. 다시 어머니의 예쁜 얼굴을 보지 못할 것 같아서.

인생에는 이처럼 우리의 얼굴을 굳게 만드는 일이 이따금 찾아온다. 우리는 절망하고 낙심하고 다음 일은 없을 것처럼 주저앉는다. 나의 인생은 끝난 것처럼 다 포기하고 싶은 감정이 밀려올 때가 있다. 그럴 때는 하나님도 잘 안 보이고, 하나님조차 아무 일도 못 하실 것만 같다.

나는 일본 선교를 마치고 곧바로 어머니가 입원한 병원에 방문했다. 어머니는 절반의 웃는 얼굴로 나를 반갑게 맞아 주셨다.

"어머니…."

나는 어머니를 안고 울었다. 어머니는 우리 신학생 아들이 기도해 주면 나을 것 같다고 하셨다. 나는 어머니를 부둥켜안고 울면서 기도인지 오열인지 모를 내용으로 하나님 앞에 부르짖고 어머니를 꽈악 안아드렸다.

그리고 2개월 뒤, 어머니의 얼굴은 기적적으로 회복되었다. 의사는 구안와사가 심하게 와서 회복이 되더라도 70% 정도만 될 것 같다고 얘기했는데, 내가 볼 때는 100% 회복되셨다. 어머니는 다시 인자하고 고운 미소로 나를 보고 웃어 주셨다.

"하나님 감사합니다."

인생도, 목회도 이따금 찾아오는 절망적인 벽 앞에 설 때가 있다. 더 떨어질 곳이 있을까 싶을 때가 있고, 벼랑 끝에 선 기분일 때가 많다. 그러나 우리의 굳은 얼굴을 하나님은 다시 웃게 하시는 분이다. 인생에 그분이 없다면 참 절망적인데, 그분이 계시기 때문에 삶은 늘 희망적이다. 기독교는 근거 없는 희망을 제시하지 않고, 근거가 있는 희망을 노래한다. 하나님은 우리의 근심을 바꾸어 기쁨이 되게 하시는 분이다. 삶에 어떤 어려움이 있는가? 하나님이 없다면 그 어려움을 어떻게 위로해야 할지 모르겠지만, 하나님이 계시기 때문에 당신의 굳은 얼굴도 이내 다시 웃을 수 있을 거라고 얘기해 주고 싶다.

예배가 연습이 되기

개척 교회 3년 차 때 일이다. 우리 교회에도 전자피아노가 생겼다. 귀한 헌신이 있었다. 한 자매님에게 피아노 반주를 부탁드렸다. 전문적으로 예배 반주를 섬겨 온 것은 아니지만 기본적인 코드를 칠 수 있었다. 당시 자매님은 세 아이의 엄마가 된 지 얼마 되지 않았다. 육아로 바쁜 시간을 쪼개 집에서 코드를 익히고는 주일에 와서 반주를 섬겨 주었다. 나는 그 섬김에 참 감사했고, 기타 소리에 피아노 건반 소리가 더해진 것만으로도 너무 행복했다.

그러나 자매님은 이따금 미안함을 느끼는 것 같았다. 잘 모르는 곡은 치지 않았고, 코드가 복잡하면 방해가 될까 찬양만 불렀다. 연습을 많이 못 해 오는 것을 늘 미안해 하는 것 같았다. 한번은 예배를 앞두고 말씀을 드렸다.

"우리는 주일을 연습으로 생각하죠. 주일 예배를 계속 드리다 보면 원하는 대로 칠 날도 오지 않을까요? 저도 기타 잘 못치잖아요. 노래도 못부르고. 우리 예배팀은 엉터리 밴드입니다."

한 예배 반주자가 인터뷰한 영상을 본 적 있다. 그분은 전국을 돌아다니면서 반주자들을 위한 세미나를 여는데, 수많은 반주자를 만나면서 하나같이 반주자들의 고민이 '내가 예배에 방해가 되는 것은 아닐까?'였다고 한다. 비전공자는 틀렸을까 눈치를 보고 전공자는 잘해야 한다는 부담감에 어느 쪽도 예배를 잘 드리지 못하고 있더라는 얘기를 했다. 그 부분이 참 와 닿았다. 그러면서 세미나의 시작과 끝은 강사인 내가 반주를 섬길 테니 참여한 반주자들은 마음 편히 찬양을 부르시라고 하면 그렇게들 은혜받으면서 예배를 드리더라는 얘기를 했다. 예배를 섬기는 분들이 예배를 가장 드리기 힘든 것 같다. 많은 격려와 위로가 필요하다.

오래전부터 예배팀과 관련해서 가졌던 물음이 있다. 교회 안에 두 개의 생각이 공존한다. 하나는, 예배는 최고의 것을 드려야 하므로 전문성이 있어야 한다는 입장이고, 또 하나는 부족해도 진정성으로 드리고 싶은 분이 드리도록 기회를 열어 주어야 한다는 입장이다. 나는 양쪽 다 반문해 봄으로써 균형을 잡아드리고 싶다.

전자의 경우 '최고의 실력이 최고의 것인가?' 하는 문제이다. 비크리스천 연주자를 급여를 주면서 예배 안에 고용하는 경우도 봤다. 그 사람에게 전도할 기회를 제공한다는 대의도 있지만, 사실 음악을 평가하는 사람들의 기준이 높아서 그런 경우가 대부분이다. 예배는 누가 보고 평가하시는가? 또한 후자의 경우에는 '정말 진정성이 있는가?' 하는 문제이다. 과부의 두 렙돈처럼 그런 겸손한 기쁨과 감사가 있는지 정말 더 드리고 싶은 마음이 있는지 확인해 보면 좋을 것 같다.

개척 교회 목회 환경에서 예배팀을 꾸린다는 것은 정말 어려운 일 같다. 최고의 것을 드려야 한다는 마음을 간직하되 목회는 길게 보고 성도들과 함께 가면 좋겠다. 우리 하랑이, 하민이는 아직 8살, 6살이다. 이 아이들이 예배 시간에 뛰쳐나가지 않고 설교를 들어 주는 것만으로도 감사하고 있다. 유진 피터슨(Eugene H. Peterson)은 "목회자는 순례자들의 동반자"라고 얘기했다. 성도들이 순례의 길을 걸어가는 동안 그 단계에서 넘어가야 할 시간을 기다려 주고 도와주면서 가는 것이 목회인 것 같다.

한 사람이 하나님 앞에 서는 것을 기뻐할 수 있다면, 그가 즐거이 예배할 수 있다면 예배가 연습이 돼도 좋고, 예배팀이 엉터리 밴드가 돼도 좋다.

깡통 사탕

교회 개척을 하고 내게 가장 관심이 있었던 화두는 단연 이웃과 함께 살아가는 것이었다. 성경을 믿고 신학을 공부한 것을 어떻게 사용할 수 있을까? 그렇게 찾은 것 중 하나가 '사탕'이었다.

조명 업체에서 일하던 시기, 건장한 남자들이 모여 육체적인 노동을 많이 했다. 1년에 100억 규모의 거래가 이뤄지는 곳이었기 때문에 하루에도 수없이 많은 물량이 들어오고 나가곤 했다. 당연히 몸은 늘 피곤했다.

현장에서 일하는 사람 중 가장 나이 많은 늦깎이 신입 사원으로 일을 따라가기에도 버거운 내가 어떻게 그곳에서 하나님 나라를 실현할 수 있을까? 어떻게 그들을 섬길 수 있을까? 나는 아내에게 부탁해 맛있는 사탕을 여러 봉지 샀다. 그래서 매일 출근할 때마다 내 주머니엔 사탕이 한 움큼이었다.

회사를 다니는 동안 내게는 몇 가지 원칙이 있었다. 첫째는 먼저 고개 숙여 인사를 하는 것, 둘째는 모든 현장에 있는 분들께 사탕을 나눠 드리는 것, 셋째는 경어를 쓰고 말을 놓지 않는 것이었다.

다행히 15개월 정도 다닌 회사였는데 끝까지 이를 지킬 수 있었다. 처음에는 분명 어려웠다. 나중에 들은 이야기지만 나이도 10살 가까이 많고 유부남에 목사라는 사람이 와 있으니 금방 그만둘 줄 알았다고 했다. 늘 먼저 인사해야 했고, 먼저 다가가야 했다. 그런데 한두 주 지나니 동료들이 경계를 풀어 주었다. 어느 날 사탕을 건넸는데 한 친구가 웃으며 말했다.

"오늘은 레몬 맛 사탕이네요?"

회사를 1년 정도 다녔을 때다. 매일 건네는 사탕을 받는 것도 익숙해질 때 즈음에 나는 재미있는 생각이 났다. 회사에는 직원들과 아르바이트생들이 구분되어 있었는데 아르바이트생들을 섬길 방법을 생각했다. 하나님 나라는 거꾸로 뒤집힌 세상이니까, 나는 양철로 된 고급 사탕 통을 여러 개 사다가 아르바이트생들 작업대 위에 놓아드렸다.

"마음껏 드시고요. 옆에 직원 분들은 알바 분들께 받아 드세요."

직원들도 좋아했고, 아르바이트생들도 좋아했다. 회사가 조금 더 따뜻한 곳이 되길 바라서 한 일들을 지금 돌아보니 미소가 지어진다.

지금도 가끔 명절이라고 직원들이 찾아오고, 이따금 절기 예배를 찾아 준다. 이번 주도 한 분이 주일 예배에 함께하겠다고 하셨다. 그날 건넨 사탕이 내게 달콤한 관계가 되어 돌아올 거라고는 예상하지 못했다. 그저 피로를 덜어 드리려고 건넨 사탕이 지금 내게 큰 응원이 되어 돌아오고 있다.

텍사스 바베큐

첫사랑이 이뤄지지 않는 이유는 사랑의 언어에 서툴기 때문이다. 초등학교 시절부터 나는 사랑에 늘 목이 멨다. 마음은 앞서고, 표현은 서투니 좁혀지던 거리도 이내 멀어지는 과정이 되풀이됐다. 몇몇 사람을 만날 수 있었지만 그리 길게 교제할 수는 없었다. 그러다 조금씩 사랑의 언어를 배워 갔고, 지금의 아내를 만날 수 있었다. 물론 아직도 나는 사랑의 언어가 어렵다.

교회를 개척하고 역시나 서툰 시간을 많이 보냈다. 친구가 되고 싶었지만 좀처럼 친구가 될 수 없었고, 좋은 이웃이 되고 싶었지만 부담스러운 이웃이 되어 가고 있었다. 나는 다가갈 준비가 되어 있었지만, 상대방은 생각지도 못했던 일들이었다. 당연히 거부감을 갖는 게 자연스러운 일이었다. 아르바이트는 몇 차례 옮겨 보고, 직장도 두 곳이나 다녔다. 상대방에게 나를 어필하는 시간을 지나, 상대방이 원하는 나의 모습으로서는 법을 배워 가게 되었다. 그러면서 카타콤 공간을 디자인하게 되었다.

회사에서 하루는 직원들에게 물었다.

"교회 공간을 만들려고 하는데 어떤 공간이면 좋을까요?"

아니다. 사실 이렇게 물었다.

"지하실에 친구들과 함께 놀만한 아지트를 만들려고 하는데, 여러분이라면 뭘 갖다 놓고 싶어요?"

당시 현장에서 일하던 직원들은 '플레이스테이션'과 '맥주 냉장고'를 많이 거론했다. 그래서 그들을 위해 그 두 가지를 갖다 놓았다. 빔프로젝터로 플레이스테이션 게임을 할 수 있고 패드는 4개를 갖춰 동시에 4인용 축구 게임이 가능했다. 냉장고엔 뚱캔 음료를 가득 채워 놓고, 한쪽에는 과자와 컵라면을 쌓아 놓고 "스낵 프리"라고 적힌 종이를 붙였다. 한 달에 한 번 정도 직원들은 회비를 걷어 자체 회식을 가졌다. 우리들은 주로 고깃집을 갔고, 나는 이분들을 섬길 방법을 생각해냈다.

"마당에서 고기를 구워 보자."

아내와 나는 코스트코에 가서 야외용 대형 스모크 그릴을 주문했다. 외국 캠핑장에나 있을 법한 그런 느낌이다. 무게도 제법 나갔지만, 조립식이었기 때문에 맞추느라 한나절을 고생했다. 만들어 놓고 보니 위엄이 느껴졌다. 거대한 흑색 철판으로 둘러싸인 두꺼운 그릴은 근육질 마초 아저씨를 떠오르게 했다. 운동해 볼까?

회사의 직원들과 여러 차례 집에 모여 고기를 구워 먹었다. 내가 가장 좋아하는 요리는 텍사스 바베큐다. 통돼지 삼겹살을 호일에 싸

4시간 이상 육즙을 가둬가며 연기로 굽는다. 여러 차례 양념을 바르고 겉면을 바삭하게 만든 다음 칼집을 넣으면 고기에서 맑은 물이 흐른다. 덕분에 많은 사람을 초대해서 즐거운 시간을 보낼 수 있었다. 고기를 든든하게 먹고, 함께 게임을 하면서 자연스럽게 가까워질 수 있었다.

사실 요리를 특출나게 잘하는 편은 아니다. 군인 시절 취사병으로 잠깐 봉사했지만 그렇게 능숙하게 요리를 하는 것은 아니다. 텍사스도 안 가 봤다. 그런데 텍사스 바베큐를 하는 것은 유튜브의 도움으로도 충분했다.

신앙생활이 내게 하나님을 사랑하는 법을 배워 가는 과정이었다면, 개척 교회 목회는 이웃을 사랑하는 법을 배워 가는 시간이 되고 있다. 나는 여전히 이웃을 사랑하는 법에 서툴지만 조금씩 그 언어를 배워 가고 있다. 앞으로도 여러 차례 짝사랑으로 끝날 때가 많겠지만, 머지않아 함께 있는 것이 편안한 가족이 될 수 있을 거라 기대한다.

카풀

한번은 다니던 회사가 이사를 해야 했다. 나는 문제가 없었는데, 다른 사람들에게는 비상이 걸렸다. 현장에 있는 모두가 총각이었고, 대부분 차량을 소유하지 않았다. 회사에서는 내게 두 가지를 이야기 했다. 하나는 회사 이전을 하면 일부 비용을 받고 카풀을 해 줘야 할 수도 있다는 말이었고, 또 하나는 가정이 있기 때문에 야근하지 말고 퇴근 시간이 되면 먼저 귀가를 하라는 사장님의 말씀이 있었다.

나는 회사에서 카풀 비용을 받아 아침에는 직원들을 태워 가고, 저녁에는 먼저 귀가하면 되었다. 나는 우선 두 번째 제안을 정중히 거절했다. 사장님이 한 교회의 장로님이셔서 내 편의를 봐 주신 것을 잘 안다. 그렇기 때문에 더욱이 그것을 받으면 안 된다고 생각했다. 모두가 고생하는데 나이가 많다고, 가정이 있다고 먼저 가는 것은 누가 봐도 형평성에 맞지 않아 보였다. 게다가 나는 목사의 신분을 밝히고 들어갔기 때문에 자칫 편애를 받는 것처럼 보일 것 같아 더 조심스러웠다. 나는 직원들과 함께 퇴근하기로 했다.

회사는 이전하면서 관리비가 더 많이 들게 되었다. 자연스럽게 재정이 움츠러들었고, 카풀 지원비에 관한 이야기는 쏙 들어갔다. 하루는 관계자 분이 내게 따로 이야기했다.

"직원들에게 카풀 비를 받으세요. 원래 다들 그렇게 합니다."

나는 그 제안도 정중히 거절했다. 어차피 내가 이동하는 동선이었고, 내가 그분들을 섬길 수 있는 유일한 시간이기도 했기 때문이다. 그렇게 나는 만 1년을 아침저녁으로 직원들을 차에 가득 모시고 다녔다.

사람을 섬기는 것은 물론 쉬운 일은 아니었다. 내 자가용은 준중형차로 실내는 공간이 좁았고, 뒷좌석엔 늘 카시트가 두 개씩 실려 있었다. 매일같이 카시트를 설치하고 떼어 내고를 반복해야 했다. 아침에는 세 사람을 태우고 출근했지만, 이따금 저녁에는 5인승 차량에 여덟 명이 타고 돌아온 적도 있었다. 낡은 바퀴가 터지지 않은 것만 해도 다행이다. 그런데 내 마음은 그런 날 더 행복했고 배불렀다.

가끔 동료들이 내게 기름값도 몰래 쥐여 주고, 가족과 먹으라고 치킨 쿠폰도 보내 주었다. 처음에는 손사래 치며 거절했지만, 그 마음이 느껴져서 받지 않을 수 없었다. 내가 베푼 작은 호의가 감사의 보답이 되어 돌아왔을 때 나는 은혜의 선순환을 보았다. 나는 섬길 수 있어서 행복했고, 그분들은 보답을 할 수 있어 행복했다. 양쪽 모두 다 섬김을 받아 봤고, 기쁨으로 서로를 섬길 수 있었다. 카풀이 가르쳐 준 하나님의 은혜였다.

좀 더 나은 곳이 되기를

퇴사를 하고 미용실에 간 어느 날, 남자 사장님이 머리를 다듬으며 물어보셨다.

"어떻게 하신 거예요?"

회사 직원들과 함께 가는 미용실은 예약제로 운영이 되는 동네 미용실이다. 사장님은 온몸에 문신이 있고, 매일 헬스를 하셔서 그런지 근육이 불끈불끈하다. 퇴사를 하고 한 달 정도 뒤에 갔을 때였는데 내가 퇴사할 때 있었던 일을 직원들이 얘기한 것 같다. 그리고 회사 안에 찾아온 변화들도 나누셨나 보다. 그래서 내게 물으신 것이다.

"대체 무슨 일이 있었던 거에요? 다들 큰일을 해 놓고 나오셨다고 신기해 하더라고요."

사실 퇴사일이 다가오기 며칠 전 해 놓은 일이 있었다. 공개적으로 사장님께 한 말씀을 드린 것이다.

"사장님, 저는 그렇게 생각하지 않습니다. 직원들이 이미 충분히 잘해 주고 있다고 생각해요. 저는 우리 직원들이 정당한 대가를 받아야 한다고 생각합니다."

사실 그랬다. 여느 중소기업이 그렇듯 내가 일하던 회사 안에도 편법으로 운영되는 부분이 여러 가지 있었다. 그중 하나가 시간 외 수당을 주지 않고 있는 현실이었다. 매일같이 1시간 가까이 연장 근무를 했지만, 누구도 임금을 받지 못했다. 토요일도 격주로 출근해야 했지만, 급여는 없었고 고마워하는 마음조차도 느껴지지 않았다. 3시간 가까이 야근을 한 날에도 식사비조차 주어지지 않았다. 도리어 늘 CCTV로 관찰하며 달달 볶는 사장님 덕분에 직원들의 원성이 가득했다. 사장실 옆에 붙어 있는 액자에는 이렇게 쓰여 있었다.

"너의 행사를 여호와께 맡기라. 그리하면 네가 경영하는 것이 이루어지리라."(잠언 16:3)

하나님께 맡긴다는 것이 어떤 것일까? 나는 내가 손해를 보더라도 하나님이 넉넉히 채우실 것을 이 말씀이 약속하고 있다고 생각했다. 그런데 사장님은 그렇게 생각하지 않으셨던 것일까?

퇴사일이 다가오고, 나는 남은 시간까지 기분 좋은 인상을 남기면 내 소명을 다하는 것이라 생각했다. 힘들었던 시간도 이제 곧 끝이 나리라. 그런데 퇴사를 열흘 정도 남겨 놓고 그날도 사장님이 단체 카톡으로 직원들에게 꾸지람을 하고 계셨다. 나는 사장님과의 관계가 좋은 편이었지만, 내가 이대로 나가면 남은 분들에게 무슨 도움이 될까 하는 생각이 들었다. 그래서 사장님께 말씀드렸다.

"사장님, 저는 그렇게 생각하지 않습니다. 직원들이 이미 충분히 잘해 주고 있다고 생각해요. 저는 우리 직원들이 정당한 대가를 받아야 한다고 생각합니다. 저는 우리 회사가 점점 더 좋아졌으면 좋겠어요."

사장님은 공개적인 자리에서의 나의 발언에 흠칫 놀라신 것 같았고, 곧이어 내게 오늘 퇴사하라고 얘기하셨다. 나는 외근 중이었기 때문에 일을 마치고 복귀했고, 회사 이사님은 내게 찾아와 얘기했다.

"사회생활도 해 보고 알 만한 사람이 그렇게 얘기하면 어떻게 해. 그런다고 회사가 바뀔 것 같아?"

나는 부드러운 어조로 말씀드렸다.

"이사님, 저는 그렇게 생각하지 않습니다. 저는 제가 드린 말씀을 후회하지 않아요."

직원들과 인사를 하고 나왔고, 사장님은 곧이어 전 직원을 소집했다. 그리고 며칠 뒤 한 동생에게 연락이 왔다.

"형님, 가신 이후로 많은 변화가 있었어요! 그날 사장님이 저희를 불러 놓고 앞으로 정시에 퇴근하고, 토요일 근무도 하지 말고 특근이 필요하면 시간 외 수당을 모두 쳐 주겠다고 하셨어요."

그 말에 가장 깜짝 놀란 것은 나였다. 어떻게 갑작스럽게 그런 결정이 가능하셨을까? 글쎄, 이유는 알 수 없다. 다만 사장실 옆에 걸린 액자 안의 말씀이 자꾸만 떠오른다.

"너의 행사를 여호와께 맡기라. 그리하면 네가 경영하는 것이 이루어지리라"(잠 16:3).

글을 써 보세요

대부분의 목회자가 글로 생각을 나누는 것이 익숙한 것처럼, 나 역시 짧은 호흡의 글을 쓰는 일이 종종 있었다. 글이라는 게 마음속에서 밀어내고 싶은 게 있어야 나오는데, 목회자들은 성경을 읽거나 책 읽는 일이 주 업무이다 보니 새로이 알게 된 점이나 변화된 생각 등을 누군가에게 나누고 싶은 마음이 자연스럽게 일어나는 것 같다.

한동안 SNS에 가족사진만 올리다가 망포동에 계신 목사님을 만났는데 이렇게 조언을 해 주셨다.

"목사님, 글을 잘 쓰시는 것 같은데 꾸준히 써서 올려 보시죠."

그렇게 시작된 것이 매일 큐티한 내용을 SNS에 올린 것이었다. 나의 묵상을 나누면서 사람들이 보이는 반응이 있으니 더 재미가 생기기 시작했고 조금 더 연구해서 깊은 나눔을 하기 시작했다. 매일 한 시간에서 두 시간 가까이 시간을 들여 묵상 글을 만들었다. 당시에는 박람회 기획사를 다니던 시절이었는데 낮에는 일하고 저녁에는 간단히 가족과 식사를 한 후, 묵상을 시작하고 글을 다듬어 올리면 늘 자정을 넘겨서야 잠을 청할 수 있었다. 사람이 자리를 지키는 것이 아니라 자리가 사람을 지킨다고 했던가? 말씀을 묵상하고 나누는 자리가 나를 더 붙잡아 주고 있다는 생각이 들었다.

그러던 어느 날 당시 사용하고 있던 큐티책의 편집장님께 연락이 왔다. 함께 묵상집을 만들면 어떻겠냐고 말씀해 주셨다. 그렇게 생각도 못 했던 본격적인 글쓰기가 시작되었고, 두 달에 한 번씩 묵상집에 원고를 기고하게 되었다. 그때 참 좋은 분들을 알게 되었다. 독립 교단으로 옮겨 개척하니 목회자들과의 네트워크가 없어 사실 아쉬웠었는데 글을 쓰며 많은 분과 함께 연합할 수 있었고, 다양한 것을 배울 수 있었다. 신학교에 들어간 이후 침례교단 분들과만 주로 교제했는데, 다양한 교단의 목사님들을 만나니 훨씬 더 풍성한 배움이 있었다.

정말 좋은 목회자가 많다. 우리 주변에 잘 보이지 않는 곳에 신실하고 건강하게 목회를 해 나가는 분들이 참 많이 있다. 나는 한국 교회 안에 아직 희망을 가져도 된다는 마음이 생겼다.

글쓰기가 데려다 준 곳은 좋은 생각을 하는 분들이 있는 곳이었다. 매일 매일 글을 쓰니 새로운 만남이 열렸고, 지금의 무수한 페이스북 친구들과의 직간접적인 관계를 낳게 해 주었다. 글쓰기를 시작하기 전에는 누릴 수 없었던 만남이었다.

글을 써서 나눌 때 세 가지 원칙을 갖고 있다. 하나는 진솔하게 쓰기이고, 두 번째는 은혜를 나누자는 다짐이고, 세 번째는 그러기에 아직 해소가 되지 않은 감정은 다루지 말자는 생각이다.

건강한 인풋(input)이 있을 때는 건강한 아웃풋(output)이 나온다. 그러나 내 마음이 불편한 감정으로 흔들릴 때는 글쓰기도 흔들린다. 내가 좋은 글을 쓰면 좋은 사람들과 연결이 되고, 내가 불편한 글을 쓰면 사람들도 나를 부담스러워한다. 그렇게 보니 개척 초기부터 꾸준하게 글을 썼으면 어땠을까 하는 생각을 해 본다. 요즘 갖고 있는 독서 모임, 글쓰기 모임도 모두 글을 쓰기 시작하면서 연결된 소중한 만남이다.

망포동에 계신 목사님께 감사한 마음을 전한다. 사실 목회자든 성도든 글을 쓰는 것을 권하고 싶다. 글과 글이 만나고, 생각과 생각이 만난다. 같은 마음으로 살아가는 분들을 찾는 가장 좋은 방법은 내 생각을 글로 표현하는 것이다. 특히 개척 교회 목회자라면 한 번 더 권하고 싶다.

"목사님, 글을 꾸준히 써서 올려 보시죠. 저도 목사님을 뵙기를 원합니다."

부유한 목사

초등학교 고학년 시절, 학교 가는 길에 아버지께서 차 안에서 물으셨다.

"지갑에 얼마 있니?"

나는 천 원짜리 한 장이 들어 있는 지갑을 열어 보여 드렸다. 아버지는 얼마인지는 기억이 나지 않지만 몇 장의 지폐를 채워 주시면서 말씀하셨다.

"남자는 지갑이 두툼해야 해."

그날 참 행복했다. 넉넉히 채워진 지폐도 좋았지만, 아버지와의 그 시간이 참 좋았다. 아버지는 내게 참 든든한 존재였다.

중학교에 가고 아버지께서 목회의 길을 걸으시면서부터 나는 아버지께 용돈을 달라고 말씀드려 본 기억이 없다. 당시 주 생계를 어머니께서 책임지고 계셨기 때문에 어머니께 가서 말씀드렸다.

"엄마, 용돈이 필요해요."

부유한 자가 되고 싶었다. 지갑이 두툼한 사람이 되고 싶었다. 빌려 쓰거나 신세 지는 일이 싫었기 때문에 가진 게 많아서 나도 좀 넉넉히 쓰고, 다른 사람들에게도 넉넉히 쓸 줄 아는 사람이 되고 싶었다. 한자로 '부유'(富裕)하다는 말은 재물이 넉넉하다는 뜻이다. 하지만 목회의 길에 들어서면서 부유하다는 말의 다른 의미를 찾았다. 그것은 이미 가진 것을 넉넉히 여길 줄 안다는 것이다. 부족해도 넉넉히 여기면, 다른 사람에게도 넉넉해질 수 있다.

나는 대형 교회에서 사역할 때도, 작은 개척 교회를 하는 지금도 웬만해선 성도님들의 밥을 사 드리려고 한다. 단순히 자존심이나 부담감 때문에 그런 게 아니다. 성도와 목회자와의 관계가 기본적으로 돌봄의 관계, 즉 '목양'에 있다고 믿기 때문이다. 어디까지나 먹이고, 살피고, 치료해 주는 역할은 주로 목회자가 가져가야 할 부분이라고 생각한다. 사실 이 부분을 잘 못해서 고민이지만, 그래도 내 마음은 그쪽으로 항상 기운다. 개척 교회를 하면서 더욱이 그 마음을 지키려 했다.

일반적으로 개척 교회에는 방문자가 적기 때문에 가지는 여러 가지 부담이 있다. 그중 하나는 교회의 어려운 경제적 사정이다. 매달 나가는 임대료와 사역자의 사례를 몇 사람이 감당하는 것은 사실 불가능하다. 장정이 30명이 되어도 십일조가 제대로 이뤄지지 않으면 사례조차 제대로 줄 수 없다. 그렇기 때문에 나는 더더욱 이중직으로 교회 개척을 시도했다. 나와 아내가 함께 벌었기 때문에 우리는 경제적으로 독립된 상태로 목회를 할 수 있었고 성도 몇 분이 계신 것만으로도 감사하게 목회를 할 수 있었다. 조급하지 않을 수 있었던 것도 그 점이 컸다. 그 덕분인지 다행히 몇 가정이 모였고, 이제 조그마한 사례도 받기 시작했다.

목회자의 초연함과 넉넉함은 중요한 덕목 같다. 특히나 개척 교회는 더 그런 것 같다. 개척 교회를 찾는 사람들은 작은 교회를 세우려는 사명을 가지고 큰 교회에서 파송 받아 오신 분들이 아니라 여러 가지로 지치고 상한 심령으로 오신 분들이기 때문이다.

나는 나보다 부유하신 분들보다 더 부유한 목사다. 내 안에 늘 두툼함으로 채우시는 분이 계시기 때문이다.

"수고하고 무거운 짐 진 자들아, 다 내게로 오라"(마 11:28)

예수님은 지치고 상한 심령들을 개척 교회로 부르고 계신다. 개척 교회로 가 보라. 거기에는 당신을 넉넉함으로 채워 주는 분들이 있다.

남편과 아빠를 잃고 싶지 않아요

좋은 기회가 왔다. 담임 목회 청빙에 대한 부분이었다. 생각지도 못한 제안이었고 예상치 못한 타이밍이었다. 교회도 제법 규모가 있는 안정된 곳이었다. 후임을 찾고 있던 교회의 목사님은 곧바로 만나 보기를 원하셨다. 소개해 주신 분이 신뢰감 있는 분이었기 때문이다. 사실 흔들렸다.

이중직으로 낮에는 일하고 밤에는 글을 쓰면서 사는 것이 보통 힘든 일이 아니었다. 주중에는 일하고 토요일은 주일 준비, 주일에 예배를 드리고 나면 사실 나는 기절하듯 침대에 누웠다. 일주일 중에 쉬는 날이 없었다. 나도 힘들었지만, 가족들도 만만치 않은 시간을 보냈다. 여러 가지가 감사하고 좋았지만 이렇게 장기간 시간을 보내면 결국 언젠가 탈이 날 것만 같았다. 그때 그러한 청빙 제안을 받게 되어 사실 기뻤다. 내게도 이런 날이 찾아오는구나. 우리 가족들에게 더 이상 폐 끼치지 않아도 되는구나.

물론 고민되는 부분이 있었다. 이성적으로는 그러면 안 된다고 생각했다. 당시에 한 가정 있었지만 우리를 믿고 나와 주고 계신 분들이 있었고, 나도 하나님 앞에 서원하고 교회를 개척한 일이 있는데 갑자기 좋은 기회가 왔다고 덥석 기회를 잡는 것도 옳은 것 같지 않았다. 그러나 내심 내 안에도 안정되게 목회를 하고 싶은 마음이 있었던 것 같다. 안정된 사례를 받으면서 아내도 일을 나가지 않고, 아이들도 많은 교인 속에서 사랑받으며 키우고 싶은 마음이 있었던 것 같다. 중형 교회의 담임 목회자가 되면 더 많은 시간을 연구에 쏟을 수도 있고, 하고 싶은 사역도 할 수 있을 것만 같았다. 그래서 집에 돌아가 아내에게 물었다.

"여보, 사실 이런 제안이 왔는데 당신은 어떻게 생각해요?"

아내가 대답했다.

"글쎄요. 저는 우리 가족이 겨우 찾은 남편과 아빠를 다시 잃어버리고 싶지 않아요. 당신이 그곳에 가면, 그곳이 원하는 당신의 모습을 갖추겠죠. 그러면 우리는 다시 이전으로 돌아가게 될 거예요."

생각지도 못했던 아내의 반응이 내 마음을 뒤흔들었다. 나는 더 늦기 전에 소개해 주신 목사님께 감사하며, 죄송하게 되었다는 말씀을 전해드렸다.

그 즈음에 또 한 번의 좋은 제안이 왔다. 내가 이중직을 하고 있는 것을 안타까워했던 한 선배 목사님이 좋은 제안을 하셨다. 분립 개척을 해 보는 것은 어떻겠냐는 말씀이었다.

사실 그때는 더 흔들렸다. 조금 더 현실성 있는 얘기처럼 들렸다.

성도들을 모시고 가면 되지 않을까도 생각했다. 그런데 이번에는 하나님께서 내 마음속에 말씀하시는 것 같았다.

"처음 너의 그 마음을 아직도 간직하고 있니? 지금의 작은 교회는 너와 어울리지 않는다고 생각하니? 너는 역시 큰 교회와 어울린다고 생각하는구나?"

그때 나는 마음속으로 주님께 고백했다.

"주님, 저는 깜냥이 되지 않습니다. 제게 허락된 이 교회를 세워가겠습니다."

돌아보면 하나님은 그때 내게 물으신 것 같다. 정말 너와 내가 꿈꾸는 교회를 세우고 싶은 마음이 아직도 있는지, 잃은 것도 많지만 얻은 게 더 많은 이 삶을 정말로 사랑하고 있는지를 물으신 것 같다. 하나님은 그렇게 신망 있는 분들을 통해 내게 물어보시고 지혜로운 아내를 통해 다시금 일깨우셨다.

"좁은 문으로 들어가라. 멸망으로 인도하는 문은 크고 그 길이 넓어 그리로 들어가는 자가 많고 생명으로 인도하는 문은 좁고 길이 협착하여 찾는 자가 적음이라"(마 7:13-14).

코로나19, 할 수 있는 일을 찾아

2020년, 대비할 새도 없이 맞은 코로나19 바이러스는 우리들의 삶을 흑백 영화로 만들었다. 당시 재취업해서 들어간 박람회 기획사도 연이은 행사 취소로 3개월 만에 팀이 해체되었다. 실업 급여 신청을 위해 방문한 고용 센터에는 수많은 사람이 멍하니 앉아 새로 들어오는 사람들에게 시선을 보냈다.

'당신도….'

잠시 앉아 대기하는데, 줄이 줄어들지를 않는다. 원래 오래 걸리는 것인가 싶었는데 곧이어 서버가 마비되었다고 안내를 한다. 언제 서버가 복구될지 모르기 때문에 기다리는 것은 자유지만 오늘 내로 복구가 되지 않을 수도 있다고 말한다. 전국적으로 수많은 양의 실업자들이 쏟아져 나온 결과였다.

코로나19가 미친 영향은 교회에도 컸다. 갑작스럽게 온라인 방송을 위한 장비를 갖추고, 앱을 설치했다. 예배를 드리면서도 카메라를 보고, 댓글 창을 보며 반응하기도 했다. 많은 목사님은 한 번도 생각 못 한 유튜버의 삶을 동시에 사셨다. 현장 예배와 온라인 예배에 대한 의견이 아직 모여지지 않았을 때 굵직한 단위의 교회발 사고가 났다. 우리들의 대응은 미숙함으로 나타났고, 한국 사회는 한국 교회를 향해 더 이상 신뢰하지 않겠다는 신호를 보냈다. 1월 29일 목회 데이터 연구소에서 발표한 리서치(research)에 따르면 기독교인을 빼고 조사한 설문에서 한국 교회를 향한 신뢰를 보낸 사람은 9%에 불과했다.

2020년 8월, 한 교회에서 예배당 보증금을 빼 전 교인에게 기본소득을 나눠 줬다는 소식이 들렸다. 교회는 코로나19 종식까지 비대면 예배를 선언했고, 공간이 아닌 사람을 먼저 지키기로 마음을 모았다. 이것은 우리 주변에 코로나19를 대처한 아주 특별한 사례 중 하나다.

그리고 얼마 후에 우리 교회에 갑작스럽게 큰 헌금이 들어왔다. 외국에 계신 목사님으로부터 한 성도님이 헌금하고 싶어 하신다며 계좌 번호를 물어 보셨다. 그렇게 얼굴도 모르는 분을 통해 500만 원의 헌금이 들어왔다. 생각해 본 적도 없는 규모의 헌금이었다.

여러 가지 고민이 들었다. 평상시에는 평범히 교회의 필요를 따라 사용하면 되겠지만, 비상시에는 비상한 목적을 위해서 사용하는 것이 좋겠다는 마음이 들었다. 공동체에 마음을 나눴고, 교회 식구들은 한마음으로 '헤세드(Hesed) 긴급지원금'을 생각해 냈다. 어려움에 부닥친 이웃들을 위한 하나님의 긴급 지원금. 우리는 온라인으로 신청을 받되, 신청자 본인이 아닌 추천 대상자에게 지급이 되는 방법을 택했다. 많은 분이 내 이웃의 어려움을 알려 주셨고, 선정된 10명의 대상자께 50만 원씩 송금해 드릴 수 있었다. 하나님의 살펴 주심을 경험하셨기를 바란다.

값없이 받았기에 값없이 흘려보냈다. 하나님께 받은 그대로 흘려보냈기에 하나님의 사역이었다. 찬미를 받으실 분은 이 일을 기획하시고, 이루신 그분이다. 헤세드 긴급 지원금을 기획하고 진행하던 중에 한 분이 말씀하셨다.

"그거 나라에서 하는데 왜 교회에서 굳이 합니까?"

힘도 없는 작은 교회가 하는 일이 세상에 무슨 큰 도움이 되겠냐는 말이었다. 누가 누굴 돕고 있느냐는 말이었다. 정말 그럴 수도 있다. 우리가 긴급 지원이 필요한 사람들일지도 모른다. 큰 교회에서 큰 규모로 하지 않으면 바닷가에 모래 한 스푼 더하는 것에 불과할 수도 있다. 그러나 보이지 않는다고 해도 누군가는 느낀다. 경험하신 분은 하나님의 사랑을 받는다. 그분의 세상은 빛깔을 찾는다. 그러면 충분하지 않을까?

지금도 이름도 없이, 빛도 없이 또 다른 형태의 하나님의 헤세드를 흘려보내고 계신 목사님과 교회들이 있다. 세상에 무슨 큰 도움이 되겠냐마는 그 사랑을 받는 분은 안다. 하나님이 나를 얼마나 사랑하시는지를.

자가당착에 빠지다

목회를 하면 과거에 비난했던 일들이 부메랑처럼 되돌아올 때가 있다. 자가당착(自家撞着)이 바로 이럴 때 쓰는 말이다. 우리는 종종 자기모순에 빠진다.

코로나19 초기에 나는 교인들에게 방역 지침보다 한 걸음 더 먼저 나가서 모범을 보여야 한다고 말씀드렸다. 성도들은 나의 의도를 충분히 수용하면서도 내심 아쉬워하시는 것이 느껴졌다. 당시 겨우 두 가정이 지속해서 모이고 있었기 때문에 내가 유별난 것일 수도 있다. 나는 누가 보든 보지 않든 우리가 취해야 할 모습이라고 생각했다. 그러다 보니 비대면 예배로 전환하지 않는 교회와 목사님들에 대해서 어려운 마음이 들었다.

"좋은 분인데, 왜 그러실까."

2020년은 눈 깜짝할 사이에 지나간 것 같다. 유튜브로 예배를 소통하는 것도 어느 정도 익숙해졌고, 매 주일 혼자 카메라 앞에 서는 것도 익숙해졌다. 10월 즈음, 코로나19가 곧 종식될 것 같은 희망이 생겼다. 우리는 해낼 수 있을 것 같았다. 교인들과 방역 지침을 지키며 다시 현장 예배를 시작했다. 그리고 11월에 한 가정이 더 오기로 했다. 청년들 몇 사람이 나오고 싶다는 의사를 비쳤다. 한 해 한 해 하나님께서 연말마다 보내시는 한두 사람이 정말 큰 힘이 되었다. 하나님께서 우리 교회를 사랑하시고 세워 가고 계신다는 감사가 고백되는 기간이다.

당시 오신다는 분들은 저마다 삶의 고민을 안고 씨름하는 시기를 보내고 계셨다. 공예배의 은총과 공동체 안에서의 동행으로 하나님이 그분들을 만지실 거라 기대했다. 마침 코로나19도 줄어들고 있었다. 그런데 11월 말부터 3차 집단 발발이 시작되었다. 가장 큰 규모의 대확산이었다. 머리로는 현장 예배를 할 수가 없었는데, 마음으로는 현장 예배를 해야 할 것 같았다. 한 분 한 분 성도들의 처한 상황을 보니 지금 함께 예배하지 않으면, 함께 위로하지 않으면 다시 많은 시간을 방황하실 것 같았다. 내가 말해 왔던 것을 어기고 싶었고, 그렇게 한두 주를 버텨 보았다.

그때 다른 교회의 사정들이 이해되기 시작했다. 알 만한 분들이 왜 현장 예배를 고집하셨는지, 왜 뻔히 위험해 보이는 선택을 하셨는지 알게 되었다. 성도 때문이다. 그분들이 처한 상황들 때문이다. 저마다 무언가를 결정하는 데는 그만한 이유가 있다는 것을 그제야 알게 되었다. 일일이 말할 수 없는 사연이 그 안에 다 있다. 목자의 마음이 그 안에 있었다.

그래서 다시는 함부로 얘기하지 말자는 생각이 들었다. 말을 하기 전에 먼저 그럴만한 사정을 헤아려 봄이 더 필요한 것 같다.

물론 우리는 다시 비대면 예배를 결정하였다. 다른 이유에서가 아니라, '성도들의 하나님'도 신뢰해야 한다는 개인적인 믿음에서였다. 내가 걱정하는 것보다 더 성도들을 걱정하시는 하나님, 그 하나님의 붙드심이 성도들을 놓지 않을 것이라는 믿음이 나에게 필요했기 때문이다.

한겨울, 나뭇가지 끝에 매달린 잎사귀를 보았다. 잎사귀가 매달린 것인가 가지가 붙든 것인가. 결론은 가지가 붙들고 있기 때문이라는 생각에 달했다. 하나님도 성도를 이렇게 붙들고 계신다. 그러기에 우리들은 떨어지지 않는다. 수많은 모순적인 삶으로 이리저리 흔들리지만, 그분의 사랑의 팔이 우리를 놓아주지 않으신다.

전통 교회와의 발맞추기

전통(傳統)이 정통(正統)은 아니라고 생각했다. 전통이 오랜 시간을 거쳐 자리 잡은 문화 양식이라면 정통은 바른 것, 중심을 향한 것이다. 나는 본디 전통을 중요시하는 사람이고 원칙주의자였지만, 가정이라는 공간에서 교회 개척을 시작하면서 전통을 그대로 가져올 수 없다는 것을 느꼈다. 물리적인 공간, 하드웨어가 달랐기 때문에 전통적인 예배 포맷, 즉 소프트웨어가 부자연스러웠다.

우리 교회는 자연스레 형식보다는 내용에 집중했다. 성도가 몇 분 늘기 시작했을 때도 작은 공간이 갖는 이점을 살려 소그룹 형태의 예배를 계속 드려 왔다. 설교보다는 가급적 묵상과 나눔, 토론을 주로 했는데 자연스럽게 2시간이 넘는 시간을 매주 예배해 왔다. 나중에 알게 되었는데 유대인들의 하브루타(Havruta)식 성경 나눔이 이런 식으로 진행된다고 했다.

사실 이런 식의 성경 나눔을 주로 해 왔던 이유가 하나 더 있다. 나는 성도들이 성경을 직접 연구하는 사람이 되는 것에 관심이 깊다. 그래서 귀납법적인 성경 연구를 할 수 있도록 예배 시간을 계속 해서 활용해 왔다. 당시 누가복음을 1년 동안 연달아서 살폈다. 성도들과 자연스럽게 병행 본문을 놓고 살피는 훈련을 했고, 역본 및 스터디바이블 등을 활용하도록 도왔다.

최근 제자훈련을 수료한 한 자매님의 말이다.

"스터디바이블 같은 것은 목회자의 전유물이라고 생각했는데 활용해 보니 쉬웠고, 나의 해석이 더욱 객관적일 수 있게 되었습니다. 하나님의 음성을 듣는다는 것은 초자연적인 방식으로 특별한 분들에게 이뤄지는 것이라고 생각했는데, 기록된 하나님의 말씀을 통해서 이미 말씀하셨고 듣고 있었다는 것을 알게 되었습니다."

그렇게 3년 차까지 시간을 보내던 참이었다. 나는 이러한 예배 방식에 자부심도 있었고, 만족감도 컸다. 매주 깊이 있는 나눔과 자연스러운 대화가 우리의 주일을 살찌우게 했다. 무엇보다 이 과정을 통해 성경에 대한 관심이 모두 깊어졌고, 구체적으로 생활에 더 와 닿았다.

글을 쓰면서 개혁신학을 공부하신 분들과 많은 교제를 하면서 내 생각에 조금씩 변화가 오기 시작했다. 하브루타식 성경 나눔은 분명 유익하지만, 우리 교회 성도들이 언젠가 다른 곳에서 신앙생활을 할 때 과연 적응할 수 있을까 하는 생각이 들었기 때문이다. 그 시기에 한 목사님께서 말씀해 주셨다.

"목사님, 예배와 소그룹을 분리하면 좋을 것 같습니다."

설교와 성경 공부가 다른 것은, 설교는 '선포'의 측면이 있고, 성경 공부는 '나누면서 스스로 깨닫는 과정'이기 때문에 양쪽 모두 다 신자에게 필요하다는 말씀이었다.

사실 바꾸고 싶지 않았다. 아직 교인들도 많지 않고, 모두가 지금의 예배 포맷에 만족하고 있던 상황에서 충분히 우리 예배의 당위성을 나눠 왔었는데 갑자기 회귀한다는 것이 캄캄했다. 전통이 정통은 아니지 않은가.

로버트 뱅크스(Robert Banks)의 《1세기 교회 예배 이야기》(*Going to Church in the First Century*) 속 모습을 칭찬하면서도, 우리의 예배 방식이 주류 기독교 문화 속에서 받아들여지기 어렵다는 것은 사실 마음이 어려운 일이었다.

그런데 마음이 그런 것과 달리 나의 이성은 100% 목사님의 말씀에 동의했다. 지금은 21세기이며, 우리 교인들도 평생 한 교회에만 있을 수 없기 때문이다. 교인들을 위해서라도 그것이 맞았다. 어느 곳에 가셔도 잘 적응하실 수 있도록 해 드리는 것이 필요했다.

무엇보다 출석하는 교회에 관해서 '설명이 필요하게 만들어 드리는 것'은 목사로서 가급적 해야 할 일이 아닌 것 같았다. 성도들 마음속에 교회가 자랑이 되고, 자연스럽게 꺼낼 수 있는 편안한 주제였으면 좋겠다. 우리는 다시 전통 교회와 발을 맞추기로 했다.

아이들과 함께 예배하기

지난해 말 지방에 내려가면서 알게 된 S목사님은 '전 세대 예배'에 대한 깊은 확신을 가지고 계셨다. 목사님이 담임하시는 교회는 5세 이하는 자모실을 이용할 수 있게 하되, 6세부터 어른들까지는 전 세대가 통합 예배를 드리고 있었다. 규모가 작지 않다. 목사님의 목회 철학이 그러했다. 나는 흥미로워서 많은 것을 여쭤 보았고, 결국 완전히 설득되어 버렸다.

교회의 역사에서 어른과 아이가 분리되어 예배드리기 시작한 것이 알고 보니 200년 정도밖에 되지 않았다. 산업혁명 이전에는 짧게는 1800년, 구약 시대로 넘어가면 사실 예배는 이전부터 전 세대가 함께 드려 왔다. 그렇다면 왜 따로 드리기 시작했을까?

가장 큰 이유 하나만 살펴보면 산업화의 부작용을 꼽을 수 있다. 부모들의 삶이 바빠지자 가정에서 하던 신앙 교육을 교회 학교에 맡겼다. 교회 안에 아이들이 많아지자 연령별로 나눴고, 지적 수준에 맞게 가르치기 시작하면서 어른과 아이가 함께 같은 설교를 듣는 것이 불가능하다는 쪽으로 인식이 자리 잡혔다.

문제는 결과적으로 아이들이 또래 안에 갇혔다. 성인이 될 때까지 교회 안에 공예배와 공동체를 경험하지 못한다. 오랫동안 교회를 다녔지만, 성인이 되어 처음 마주하는 예배와 공동체는 그들에게 낯선 것이다. 자연스럽게 그들은 부모의 관할 구역을 벗어나면서 교회를 떠난다. 이 결과는 교회 안 청소년에 대해 조금만 관심을 가져본 분이라면 너무나도 익숙한 것이다.

목사님은 공예배에서 아이들을 열외시키는 것이야말로 그들이 누려야 할 영적인 유익을 빼앗는 것과 같다고 말씀하셨다. 특히 아이들을 또래 안에 가둬 둠으로써 세대 간의 경험과 다른 사람들, 특히 부모를 통해서 배워야 할 예배자의 본을 보지 못한 채 자라고 있다고 걱정하셨다.

나는 돌아가 곰곰이 숙고해 보았고, 소개해 주신 책을 읽고 다시 목사님을 찾아가 궁금했던 몇 가지를 더 물어본 뒤 교회에 이 비전을 나눴다.

"우리도 새해부터 아이들과 함께 예배하면 좋겠습니다."

사실 성도들 중 이를 찬성하는 분도 있었고, 걱정하는 분도 있었다. 하지만 가야 할 방향이라는 것에 모두 동의하였기에 우리는 그렇게 아이들과 예배를 시작했다. 벌써 4개월이 지났다. 좋은 모습도 보이고, 때론 유독 주의가 산만한 날도 있다. 특히 이번 부활 주일은 더 그랬다.

그런데 최근 가장 거칠게 저항감을 보이는 것은 우리 집 아이들이다. 아빠의 설교가 듣기 힘들다는 것을 매주 기발한 몸짓으로 표현한다. 중얼중얼 말도 한다. 전 세대 예배가 분명히 쉬운 일은 아니다. 그날 목사님이 해 주신 말씀을 다시 떠올려 본다.

"아이들이 이해한다고 믿을 수 있는 것은 아닙니다. 믿음은 하나님께서 만나 주심으로 생기는 것이잖아요. 부모의 역할은 그저 아이들을 위해 울며 기도하는 것입니다. 또한 그리고 아이들이 안 듣고 있는 것도 아닙니다. 어른들도 들으면서 다른 생각을 종종 하지만 겉으로 내색을 안 할 뿐이잖아요. 마찬가지로 아이들은 그것이 더 잘 드러나서 그렇지 분명히 듣고 있습니다."

하루는 차를 타고 이동 중에 7살 첫째 아이에게 물었다.

"하랑아, 이번 주 부활절 설교는 어땠어?"

하랑이는 며칠 전 부활이 정말 있느냐고 물었었다. 머리로는 알겠는데 솔직히 믿어지지 않는다고 얘기를 해서 나를 조금 당황케 했었다. 아이가 대답했다.

"아빠 저 이제 부활이 믿어져요!"

"뭐라고?"

"저도 죽으면 부활한다는 것을 알겠어요. 그래서 이제 높은 곳도 올라갈 수 있을 것 같고, 수영도 할 수 있을 것 같아요!"

하랑이는 평소 안전에 대해서 극도로 조심성이 많은 아이다. 그런 아이의 입에서 나온 말이라 더욱 신기했다. 분명 그날 몸을 비비꼬

았었는데!

그렇다. 분명히 듣고 있다. 다른 곳을 보며 멍하니 있는 것 같아도 분명 듣고 있기에, 들리는 자리에 있기에 소망이 있다. 믿음은 결국 들음에서 나기 때문이다(롬 10:17).

우리는 계속해서 아이들과 함께 예배할 것이다.

한 사람이 만족하는 방향으로

"목사님. 다른 방법이 없을까요? 만약 예배 시간이 바뀐다면 저희는 오전에 봉사를 마치고 예배 시간 중간에 들어와야 할 것 같습니다."

전 세대 예배를 드리기로 하면서 한 가정이 깊은 고민에 빠졌다. 본래 우리는 오후에 예배를 드리고 있었는데, 예배와 소그룹을 나누면서 예배 시간을 오전으로 조정하니 생각지 못한 변수가 생긴 것이다. 이 가정은 본래 주일 오전에 외부 봉사가 있었다. 코로나19로 안 하시는 줄 알았는데, 상황이 좋아지면 또 해야 하는 형편이었다. 듣고 보니 향후 1년 동안은 빠질 수 없는 상황이었다.

우리 교회에 두 번째로 와 준 가정이고, 지난 1년 동안 제자훈련도 두 부부가 성실하게 이수했다. 개인적으로도 오래 알고 지낸 분들이라 참 고마운 분들이었기에 사실 고민이 되었다. 그래서 더 먼저 상의를 드렸었고, 어느 정도 방법을 찾았다고 생각해서 12월 말 예배 시간에 광고했는데 주중에 연락이 온 것이다.

이미 광고는 나갔다. 당시 우리를 포함해 네 가정이 모이는 상황이었고, 교회를 나와 보겠다고 하는 분들이 몇 분 계시던 중이었다. 연말에 바뀐 예배 시간과 취지를 공지했는데 새해 첫 주부터 다시 본래대로 하자고 말하는 것도 담임을 하는 목회자로서 면이 서지 않는 일이었다.

무엇보다 기존의 시간대로 하면 전 세대 예배나 예배와 소그룹의 분리는 당분간 미뤄 두어야 한다고 생각했다. 예배와 소그룹 시간 사이에 점심을 함께 해야 환기도 되고, 공동체성도 강화되리라 판단했기 때문이다.

한 가정의 상황을 고려하면 예배 시간 변경을 미뤄야 했고, 다른 가정들을 생각하면 새로운 시간으로 예배를 드려야 했다. 이미 공지가 나가기 전이었다면 미루는 것이 그래도 쉬웠겠지만, 이제는 노를 어떻게 저어야 할지 빨리 결정해야 했다.

사실 나는 이 방향이 옳다고 생각했기 때문에 더 높은 가치를 위해서 상대적으로 작은 가치를 포기해 주시기를 내심 바랐다. 그러나 사람마다 내게는 작아 보이는 일이 그 사람에게는 매우 큰 것이 있는데 이 일이 그랬다. 그러하기에 처음 전 세대 예배에 대해서 성도들과 비전을 나누면서 혹 어떤 가정에서 예배 시간 변경이 불가능해 못 오시게 된다면 그것은 그때가 우리가 서로를 보내 줘야 할 때일는지도 모른다고 생각했다.

직감적으로 그날이 왔다고 생각했다. 원치 않았지만 예상보다 빠르게 온 이 시간을 담담하게 맞을 각오를 했다. 그동안 함께한 시간을 생각하니 그것만으로도 충분히 감사함이 있었다.

그런데 우리가 그동안 나누던 복음이 생각났다. "복음은, 우리 쪽에서 무언가 해 낸 것이 아니라 하나님 쪽에서 이루신 일"이라는 명제가 생각났다. 그래서 말씀드렸다.

"예배 시간 변경을 미루죠. 저는 이 선택이 우리가 말해 온 복음에 더 가깝다는 생각이 듭니다. 1년이면 되는 거죠? (웃음)"

어떤 분들은 이렇게 생각할지도 모른다.

'그냥 하시지 그랬어요. 모든 사람이 만족하는 선택이란 없지 않습니까? 어떻게 한 가정 때문에 예배 시간을 다시 바꿉니까?'

정말 그 말이 맞을지도 모른다. 나는 한 가정의 편을 들어서 모든 가정에 번복을 해야 했으니 편향되었다는 소리를 들을 수 있고, 일관성이 없는 우유부단한 목회자라는 소리를 들어도 할 말이 없다.

그런데 그날 오후 문자가 왔다.

"목사님, 원래 계획대로 하시죠. 목사님 말씀처럼 예배와 소그룹을 나눠서 하려면 그 시간이 가장 좋은 것 같습니다. 저희 일은 저희가 어떻게든 방법을 찾을게요. 목사님은 신경 쓰지 않으셔도 됩니다."

한 사람이 만족하는 방향을 선택했는데, 모두가 만족하는 결과가 나왔다. 내가 양보하니, 성도님들은 더 많은 양보를 해 주셨다. 만약 어느 쪽이든 억지로 했다면, 양쪽 다 만족할 만한 결과는 없었을 것이다.

복음은 우리가 할 수 없는 희생을 하게 하며, 아무도 희생당했다는 생각이 들지 않게 한다. 우리는 복음 안에서만 모두가 만족할 수 있다.

03

계속 걷기

다리를 절다

가끔 발목이 아팠다. 10년 전 교회 동생들과 수원역을 가는 길이었다.

"오빠, 발목이 휘었네요?"

뒤에서 따라오던 동생이 내 왼발이 오른발보다 더 많이 휘어 있었다고 했다. 신발을 벗어봤더니 정말 그랬다. 왼쪽 신발 모양이 오른쪽 신발보다 발목 안쪽으로 늘어나 있었다. 그날 이후 가끔 불편함이 느껴졌다.

결혼 후 한 번은 아내에게 그런 말을 했다.

"여보, 발목이 더 나빠져서 지팡이를 잡게 되면 그것도 좋은 것 같아요. 다리가 불편하신 분을 공감해 드릴 수도 있고, 몸 불편하신 분들을 위로하는 도구가 될 수도 있으니까요."

아내는 딱 잘라 말했다.

"그런 소리 하지 말아요."

교회를 개척하고 이중직을 하면서도 자신 있었던 것은 젊은 나이와 건강함이 있으니까 무얼 해도 버틸 시간이 있고, 먹고 살 방도가 있을 거라 생각했다. 아직 믿는 구석이 있었던 셈이다.

그렇게 2년째 일을 하던 어느 날 나는 하마터면 손에 잔뜩 든 물건을 놓쳐 버릴 뻔했다.

'우지끈'

발목이 끊어질 듯 아팠다. 한번 찾아온 통증은 압박 밴드를 감아도, 이틀에 한 번씩 침을 맞아도 나아지질 않았다. 내 발등에는 무수한 바늘 자국만 가득했다. 나는 다리를 절면서 일을 해야 했고, 많은 분이 나의 편의를 대신 봐 주었다. 그것도 곧 고마움에서 미안함으로 바뀌었다. 나의 존재가 누군가에게 폐가 된다는 것은 매우 견디기 힘들었다.

나의 병명은 '족근골융합'이었다. 후천적인 퇴행성 질환으로 발의 아치가 무너지기 시작하면서 발목 안쪽을 이루는 뼛조각들이 서로 붙어 버리는 증상이다. 한 선생님은 의학 교과서에나 실릴 법한 상태라고 얘기해 주셨다. 수술을 한다면 두 달은 발목을 사용할 수 없고, 회복이 돼도 발목이 좌우로는 돌아가지 않을 것이라고 했다. 선생님은 솔직히 수술해야 할지 말아야 할지 잘 모르겠다고 얘기하셨다.

세상이 캄캄했다. 회복될 수 없다는 진단만큼 절망적인 게 있을까? 다른 사람을 위로하는 삶은커녕, 내 마음을 추스르기도 힘들었다. 나는 계속 이 길을 갈 수 있을까? 직장을 그만둬야 했고, 당장 생계가 문제가 되었다. 초기 내 상태에 대해서 부모님 집에는 알려야 할 것 같아 연락했을 때 가족에게 이런 얘기를 들었다.

"병완아, 모든 상황을 볼 때 개척 교회보다는 다시 기성 교회로 돌아가서 사역하는 것이 맞는 것 같아. 하나님은 이런 상황을 통해서도 말씀하시니 한번 생각해 보자."

나는 사실 그 얘기가 매우 힘들었다. 가족들마저 우리 교회가 가능성이 없다고 말하는 것 같았기 때문이다. 그런데 내게는 아직 교회에 대한 마음이 남아 있었다. 처음 마음을 주시고, 지금까지 인도하신 분에 대한 신뢰가 아직도 가야 할 길이 남아 있음을 말해 주고 있었다.

다행히 아내는 나의 얘기를 듣고는 부탁을 들어주었다. 원래 아내는 다니던 회사를 정리하고, 초등학교를 입학하는 첫째 아이에 대한 돌봄과 셋째에 대한 출산을 계획 중에 있었다. 하지만 아내는 그 모든 것을 내려놓고서, 자신이 일을 하고 나에게 가정을 맡겨 주었다. 나는 계속 교회 사역을 이어갈 수 있었다.

교회 공동체도 사례비를 주는 것에 동의해 주었다. 사실 이중직을 하면서 사례를 받지 않았다. 일터에서 돈을 벌었기에 괜찮다고 생각하기도 했고, 교회도 사례를 줄 형편이 되지 않았었다. 그런데 이제는 매달 감사하게도 약간의 사례를 받고 있다.

다리를 절면 지팡이를 잡아야 한다고 생각했는데, 어느새 가족과 교회 식구들이 나의 든든한 지팡이가 되어 주었다. 두 발로 믿고 살 때는 몰랐던 은혜가 여기에 있었다.

다리를 절게 된 것은 내게 축복이었다. 이제는 많이 걸을 수 없지만, 많은 은혜를 말할 수 있게 되었다. 걸음은 느려졌지만, 이것이 부쩍 다가간 것이라는 걸 느낀다. 이제는 더 이상 혼자 걷지 않는다. 지팡이를 짚으며 함께 걷는다.

안구 교정

사팔뜨기. 두 눈이 서로 다른 곳을 보는 증상이다. 나는 어릴 때 눈이 사팔뜨기(사시, 斜視)였다. 어머니 말로는 아기였을 때부터 공사장 한켠에 옆으로 눕혀 놓고 키워서 그렇게 되었다고 하셨다. 내 어릴 적 사진들을 자세히 보면 초점이 서로 맞지 않는 모습이 종종 있다.

초등학교 시절 친구들이 간혹 내 눈에 관해서 물으면 그렇게 싫었다. 부모님은 병원에 데려가 수술을 해 주셨고, 더 이상 나는 사팔뜨기가 아닌 모습으로 새롭게 살 수 있었다.

모든 수술이 그렇듯, 수술 후 눈은 물리적으로 제자리를 찾았지만 두 눈이 같은 곳을 인지하는 것은 시간이 필요하다고 했다. 나는 수술이 잘된 것으로 생각했다. 거울을 봐도 더 이상 눈이 돌아가지 않았고, 사람들도 더 이상 나를 볼 때 갸우뚱거리는 일이 없었기 때문이다.

군대에 갔을 때 일이다. 선임이 나를 골똘히 보더니, 불러서 물었다.

"너 사팔뜨기냐?"

언제부터인가 나의 눈은 다시 힘을 잃기 시작했다. 멍하게 있을 때나 글자를 읽을 때 나는 한쪽 눈만 사용해서 보았고, 나머지 한쪽이 자연스럽게 방향을 잃는 경우가 더러 있었다(이런 증상을 '조절 모음 부족'이라고 부른다).

신학교를 가면서부터 책을 참 많이 읽었다. 지하철이나, 기차 안도, 버스에서도 앉아 있거나 서 있거나 책을 읽었다. 공공장소에서 책을 볼 때 나는 항상 책을 얼굴 앞까지 올려서 보았다. 목이 편한 것도 있었지만, 혹시나 눈이 방향을 잃은 것을 누군가 볼까 싶어서였다.

설교자가 되고 나서, 처음 가장 걱정했던 것이 설교의 내용도 아니고, 은혜를 끼쳤는가의 여부도 아니고, 혹시나 누군가 내 눈이 풀리는 것을 발견할까 하는 것이었다. 그래서 원고를 읽을 때 더 고개를 숙였다.

사실 어릴 때부터 그랬던 거라 나는 잘 인지를 못 했는데, 나의 눈은 '복시'(複視)라는 증상을 갖고 있었다. 사물을 볼 때 하나로 보는 것이 아니라 둘로 상이 나뉘어서 인식을 하는 것이다. 어쩐지 눈이 금세 피로해지고, 머리에 두통이 잦았다.

한번은 증상이 자꾸 심해지는 것 같아 이 분야에서 가장 정평이 나 있다고 하는 의사를 찾아갔다. 병원에선 10가지 정도되는 검사를 다양하게 하고는 마지막으로 의사의 소견을 들을 수 있었다.

첫마디에 마음이 울컥했다.

"그동안 많이 힘드셨죠?"

내 문제를 정확하게 알고 있는 분이 있다는 것은 그 자체만으로 대단한 위로였다. 하나님 앞에 나아가는 것도 이와 유사하지 않을까? 의사는 안경을 끼우고 렌즈를 여러 개 교체하면서 점점 내가 보는 두 개의 세상을 하나에 가깝게 만들어 주었다. 나는 조금만 더 좁혀 주기를 구했다. 의사 선생님은 고개를 저으면서 내가 쓴 그 안경을 벗겨 주었다. 두 개의 렌즈는 거의 '앞으로 나란히'를 하고 있었다.

의사 선생님은 지금은 시술도, 특수 안경도 착용이 불가능한 상태라고 했다. 조금 피곤하겠지만 그대로 살아야 한다고 말해 주었다. 그분의 얼굴이 너무 자애로웠기 때문에 마음이 더 울컥했다.

"앞으로도 세상을 두 개로 보아야 한다니…."

병원을 나오며 눈물이 났는데, 그때 문득 하늘을 올려다보며 목구멍에서부터 신앙의 고백이 터져 나왔다.

"그래, 나는 비록 세상을 두 개로 보는 눈을 가지고 있지만 한 분 하나님을 보았다. 세상을 하나로 보는 멀쩡한 눈을 가지고도 한 분 하나님을 알아보지 못하는 사람들이 얼마나 많은가!"

지극히 개인적인 삶의 이야기를 나누는 이유가 있다. 이 글을 읽는 사람들은 대부분 그 한 분 하나님을 발견한 사람들이기 때문이다. 우리는 그분을 보았다. 그래서 때론 빙빙 돌면서도 결국에는 다시 빛으로 나아가고 있다. 더 이상 교정이 필요 없는 눈을 가진 자, 주께서 뜨게 하신 영안으로 걸어가는 인생은 그야말로 선명하고 또렷하다. 이 얼마나 다행인가!

떠남

교인이 떠났다. 한 명, 또 한 명. 상담하다가, 편이 되어 주지 못해서, 곁에 서 주지 못해서 떠났다. 전통 교회에서 사역할 때도, 개척 교회를 할 때도 이렇게 떠나보낸 일들이 있다. 이런 경험들은 색소 침착이 된 멍의 흔적처럼 여기저기 가슴속에 남아 있다.

자신과 관련된 일로 누군가 떠나는 경험이야 누구에게라도 편치 않은 일이지만, 유독 목회자들에게는 한 번 더 중한 자책이 되어 돌아온다. 바로 맡기신 영혼을 잘 돌보지 못했다는 하나님 앞에서의 죄송함이다.

하나님의 밝은 빛 아래 우리의 마음속 숨은 동기들이 속속히 드러난다. 아무리 여러 이유를 나열해 봐도 결국 나의 부족함으로 넉넉히 품지 못했음이 들통난다. 누군가 앞에서 떠난 이의 이유에 관해 물을 때 설명을 하면 할수록 더욱 궁색해지는 것을 느낀다. 떠난 이는 가끔 생각할지 몰라도, 떠나보낸 이는 오랫동안 이 흔적을 안고 살아간다.

시간의 빗물을 맞다 보면, 그동안 내 안에 가지고 있었던 여러 변명들이 씻겨지고 하나의 감정만이 남게 된다.

'미안함'

그래서 가끔 생각한다.

'잘 지내고 있을까?'

어딜 가든, 누구와 함께 있든 건강하고 행복하게 살기를….

따뜻한 목회자와 공동체를 만나 받은 상처가 아물고,

잊고 살기를….

하나님께서 늘 함께해 주시기를….

너도,

그리고

나도….

잘하고 있어요

D교회의 J목사님은 이따금 나를 불러내신다. 맛있는 밥을 사 주시고, 근황을 물어보시고 나서 미소 지어 말씀하신다.

"잘하고 있어요."

개척에 대한 마음을 나눴을 때도, 가정에서 아내와 둘이 예배를 드리던 시기에도, 지하실을 고쳐 예배 공간을 만들 때도 목사님은 잠시 보자고 말씀하시고는 어김없이 얘기하신다.

"목사님, 잘하고 있어요."

처음 교회에 관한 시리즈 글을 계획했을 때, 왜 나의 개인적인 교회 개척 이야기가 공개되어야 할까에 대해서 깊은 고민이 있었다. 그때 생각났던 것이 목사님의 잘하고 있다는 응원의 말씀이었다. 나에게 응원이 되었던 말들, 주저앉아 있던 나를 다시 일어서서 걷게 해 준 한마디들을 나누면 좋겠다고 생각했다. 그 이야기가 필요한 분들이 있을 것이라 생각했기 때문이다.

"잘하고 있어요"라는 한마디는 나에게 밤하늘 방향을 알려 주는 북극성과도 같았다. '도대체 성과도 없고 이렇게 해도 되나? 이런 모습을 교회라고 말할 수 있을까?' 하는 생각으로 나의 능력 없음이 부끄러워질 때 쯤 듣게 된 그 한마디는 나를 계속해서 걸어갈 수 있게 해 주었다.

잘하고 있다는 말은 다른 방식으로도 전달되었다. 일터에서 테이프를 찍찍 뜯으며 일하고 있을 때 핸드폰 화면이 켜진다. 장갑을 벗고 들어 보면 은행에서 문자가 와 있다.

"입금 10,000원"

교회 개척이 시작되고 2년 동안 정기 후원을 해 주신 분들이 있었다. 매달 정신없이 현장에서 일하고 있을 때 이따금 도착하는 후원 문자는 내가 목사임을 기억하게 해 주었다. '하나님이 나를 기억하고 계시는구나. 우리의 모습을 교회로 보고 계시는구나. 이 걸음을 계속 걷기를 원하시는구나' 하는 생각이 들어, 보내신 분께 답장을 보내 드렸다.

"집사님, 가까이에 있었으면 제게 커피 한 잔 사 주고 싶으셨던 거죠? 집사님이 대접하신 커피 잘 마셨습니다. 덕분에 마음 잘 쉬었습니다. 큰 위로 주셔서 감사해요."

만 원의 액수보다 나를 기억해 주는 한 사람 있음이 사실 더 반갑고 고마웠다. 2년의 정기 후원을 받는 동안 교회는 작지만 제법 교회의 모습을 갖출 수 있었다. 그 응원이 없었다면 나는 걸어올 수 있었을까?

지난 12월부터 오래된 친구 목사의 가정이 함께하고 있다. 얼마 전 메시지를 보내다가 4개월 정도 함께했는데 교회 생활은 어떤지 물어보았다. 친구라 멋쩍었을 텐데 잠시 생각을 하는 것 같더니 답장이 왔다.

"주일이 홀가분하고 좋아. 아이들도 좋아하고."

주일이 홀가분하다는 말, 참 상쾌한 말이다. 하나님께서 잘하고 있다고 말씀하시는 것 같다. 곧 교회 개척 3주년을 맞는다. 우리 가족 네 사람으로 시작했던 교회가 이제는 10여 명이 모이는 중형(?) 교회가 되었다. '천천히'지만 자라고 있다. 자라고 있다는 건, 잘하고 있다는 것이 아닐까?

우리는 모두 자라고 있다.

우리는 모두 잘하고 있다!

왜 변화되지 않을까

매주 설교를 준비할 때 심혈을 기울인다. 어느 목회자가 설교를 대충 준비할 수 있을까. 단 한 편의 설교를 위해서 며칠씩 시간을 쏟는다. 그래서 우리 교회는 주 중에 예배가 없다.

사실 '몰라서' 그렇다. 성경도 모르고, 사람도 잘 모르겠고. 그래서 공부하며 준비한다. 결과적으로 많은 시간이 들어가는 첫 번째 이유다. 또한 '책임감' 때문에 그렇다. 과거 사역할 때 동료 사역자가 내게 이렇게 말했다.

"설교로 사람이 바뀐다고 생각하세요? 안 바뀌어요. 그러니 대충 준비하세요."

이게 무슨 소린가. 마틴 로이드 존스(Martyn Lloyd Jones) 목사의 책에서 읽었던 것으로 기억한다. 그는 설교자가 복음을 제대로 전한다면 두 가지 반응이 있을 수밖에 없다고 말했다.

"듣고 화가 나서 뛰쳐나가든지, 아니면 그 자리에서 울며 회개하든지."

그는 만약 사람들이 듣고 고민하거나 반성하게 되지 못한다면 우리는 설교를 한 것이 아니라고 말한다.

나는 설교로 사람이 안 바뀐다고 생각하면, 설교자가 되어서는 안 된다고 생각한다. 왜냐하면 자기 자신이 설교로 바뀌어 본 적이 없기 때문에 그리 말하는 것이기 때문이다. 바뀌어 봤다면 바뀔 수 있다고 믿지 않을까?

물론, 설교로 사람이 잘 바뀌지는 않는다. 그렇기 때문에 항상 최선을 다해 망치질하고 또 두들기는데도, 매번 미완성된 원고를 들고 올라가는 기분이다. 회중들의 반응도 역시나 크게 다르지 않다. 열심히 준비하든 그렇지 않든 예배 후에 성도들의 반응은 별로 차이가 없다. 그러다 보니 자연스럽게 설교로는 사람이 안 바뀐다고 생각하는 설교자들이 나오게 되는 것도 이해가 된다.

그런데 생각해 보자. 설교를 통해 변화를 갈망하는 성도들이, 설교로는 사람이 안 바뀐다고 생각하는 설교자에게 설교를 듣고 있는 형편을 말이다. 내가 하나님이라면, 이마에 손이 얹힐 것 같다.

'아뿔싸'

그런데 매번 충실히 연구하고 복음 설교를 하지만, 변하지 않는 회중의 분위기는 안갯 속을 걷는 것처럼 설교자를 당황스럽게 한다. 왜 복음을 듣는데 변화되지 않을까?

오래전 한 선배 목사님에게 물어보았다.

"목사님, 왜 본문에 충실하게 주해를 하고 복음 설교를 하는데 왜 사람들이 변화되지 않을까요?"

목사님은 자신의 경험을 나눠 주셨다. 과거에 매주 변화되지 않는 회중들을 보며 동일한 생각을 했었는데, 몇 년이 지나고 되돌아보니 처음 회중을 만났을 때와는 많은 점에서 달라져 있는 공동체가 보였다는 것이다.

장인어른 댁 2층으로 올라가는 계단에 놓인 화분에 최근 라일락이 보랏빛으로 활짝 피어 향기롭다. 언제 라일락을 가져와 심으셨냐고 물었더니 몇 년 전부터 그 자리에 계속 있었다고 하셨다. 천천히 자라나다가 올해 유독 내 눈에 띄었던 것이다.

우리의 목회도 마찬가지다. 열심히 준비한 설교로 사람이 바뀌지 않는 것 같아서 실망스럽지만, 하나님은 결국 그 매주의 설교를 사용하셔서 사람을 변화시켜 가고 계신다. 우리가 미처 그 차이를 발견하지 못했을 뿐이다.

역할을 다한 설교

설교란 무엇일까? 강해 설교학의 대가인 신학자 해돈 로빈슨(Haddon W. Robinson)은 설교에 대해 "성경 본문을 연구하여 발굴하고 알아낸 성경적 개념, 하나님의 생각을 전달하는 것"이라고 하면서 설교의 과정은 "성령께서 그 개념을 먼저 설교자에게 적용하고, 그 다음 그를 통하여 회중에게 적용하신다"고 말했다.

성경이 있고, 청중이 있다. 설교자는 그 사이에서 다리 역할을 한다. 본문을 깊이 연구하고 묵상하며, 회중을 두고 고뇌하고 기도한다. 그 과정에서 설교자는 먼저 말씀의 은혜를 경험한다.

그렇기 때문에 준비부터 전해지는 모든 과정에 가장 큰 유익을 누리는 것은 사실 설교자다. 많은 목회자와 교제하면서 이구동성으로 하는 말이 있다.

"내가 설교의 자리를 지키는 줄 알았는데, 설교의 자리가 저를 지켜 주고 있었습니다."

실제로 그런 생각을 자주 하곤 한다. 그 자리가 고되지만, 그 자리가 참 고맙다고. 그마저도 없었으면 어땠을까? 한번은 목회에 대한 글을 SNS에 쓴 적이 있었다. 교제하는 한 목사님이 댓글로 이렇게 위로해 주셨다.

"목사님, 지나고 보니 하나님께서 목회를 통해 결국 목사 하나 사람 만들려고 그러시는 것 같다는 생각에 이르더라고요."

정말 맞는 말이다. 윌리엄 바클레이(William Barclay)도 "하나님께서는 궁극적으로 메시지 자체보다도 이를 전하는 이들을 개발하시는 데 보다 관심을 갖고 계신다"고 말했다. 위대한 설교가 존 파이퍼(John Piper)가 "설교는 자신이 전하고 있는 진리에 열광적으로 환호하는 것"이라고 말한 것도 같은 맥락에서 충분히 이해된다. 먼저 받은 은혜를 누리는 사람, 그 사람이 설교자다.

몇 년 전, 설교의 적용으로 각자의 자리에서 할 수 있는 작은 이웃돕기 캠페인을 벌인 적이 있었다. 나는 솔선수범하기 위해서 더욱 열심히 준비했고, 이를 실행하고 공동체의 단체 톡에 사진을 보냈다.

"준비하면서 제가 더 은혜받았습니다."

그런데 회중의 반응이 미지근했다. 연달아 움직임이 일어나기를 원했는데, 아무도 동참하지 않았다. 아무도 행동하지 않았다. 정말 그때는 얼굴이 다 화끈거렸다.

'내가 설교를 잘 못해서일까? 회중이 마음을 닫고 있어서일까?'

그러다 물끄러미 내가 찍은 사진을 바라보았다.

그때 하나님께서 말씀하시는 것 같았다.

"병완아, 그 설교로 네가 한 번 행동했잖아."

"네? 그러면 회중들은요?"

하나님이 조용히, 아주 조용히 말씀하시는 것 같았다.

"그 회중들과 너는 한 몸 된 교회야. 네가 행동했으면 같이 행동한 거지."

정말 맞다. 내가 했으니 곧 우리가 한 것이다. 한 사람만 변화되도 그 설교는 충분히 역할을 다한 것이다. 나는 그 한 사람이 설교자 자신일 거라고는 생각을 못 했었지만, 하나님께서는 한 번의 설교로 내가 바뀌었다면 그 설교는 역할을 다한 것이라고 가르쳐 주셨다. 맞다. 그래서 모든 설교는 정말 유효했다.

대리님, 형님 그리고 목사님

이중직을 하던 시절 조명 회사에서 나의 직급은 '대리'였다. 사실 사원으로 들어간 것이 맞을 텐데, 회사에서 내게 배려를 해 준 것으로 기억이 난다. 다른 직원들보다 나이도 많고, 가정도 있어서일까? 사실 그보다도 교회 장로님이신 사장님의 특별한 배려였던 것 같다.

이제 와 고백하지만, 처음 알고 간 급여보다 10만 원을 높게 책정해 주셨다. 급여 명세서엔 자녀 수당이라는 항목이 적혀 있었다.

처음 나를 직원들에게 데리고 가서 소개해 주시던 사장님이 생각난다.

"뭐라고 부르지? 음… 앞으로 '김 대리'라고 불러."

그다음부터 직원들은 나를 이렇게 불렀다.

"대리님!"

직원들은 모두 친절했고, 내가 천천히 일을 배울 수 있도록 도와주었다. 발목을 다친 후, 일을 그만두기로 했을 때 직원들이 많이 아쉬워해 줬다. 한번은 야외에 있는 휴식 공간에 앉아 쉬고 있을 때다. 한 동료가 내게 말을 했다.

"형님, 저는 대리님이 나가시면 형님이라고 부를 거예요. 저는 형님을 오래 볼 거거든요."

그 말이 참 고마웠다. 가슴이 뭉클하고 코끝이 찡했다.

상상도 못 했다. 1년 동안 마음을 많이 써서 일도 성실하게 해 보려고 했고, 섬김도 부지런히 해 보려고 했다. 부족하다는 생각도 있었고, 잘했다고 생각한 부분도 있었기에 다가오는 이별의 시간이 애석하기만 하던 참이었다.

'울컥'

사실 나는 매년 한 명의 친구를 마음에 두고 기도하는데, 바로 기도해 왔던 친구가 내게 그렇게 얘기해 줘서 더 깜짝 놀랐다.

퇴사 이후로도 그 친구를 비롯해 여러 동생이 나를 찾아 줬다. 생일에도 찾아 줬고, 교회 절기나, 명절 때도 한 번씩 들려 인사를 하고 가곤 했다.

"형님!"

그 말이 참 좋다.

한번은 찾아온 회사 동생 중 한 친구가 갑자기 핸드폰을 보여 줬다. 뭘 보여 주려고 하는지 들여다봤더니 내 연락처의 이름이 바뀌어 있었다.

'김병완 목사님'

그 일에 또 감동을 받았다. 이중직을 하면서 좋은 점도 있지만 가끔은 끝내 넘어가지 못하는 단계가 있는 것이 아닌가 싶을 때가 있었다. 그런데 나를 부르는 호칭이 어느새 바뀌어 있다.

지금 동료 중 한 분은 우리 교회의 정식 교인이 되었다. 나는 그분을 '형제님'이라고 부르고 그분은 나를 '목사님'이라고 부른다. 대리님도 좋고, 형님도 좋고, 목사님도 좋다.

우리의 관계를 더욱 친밀하게 빚어 가시는 하나님 때문에 나는 너무 좋다.

한 사람 수료식

"한 사람". 옥한흠 목사님을 통해서 배운 목회 철학이다. 그런데 옥한흠의 "한 사람"에 대한 해석이 각각 다른 것 같다. 사실 어느 교회를 가도 "한 사람"이라는 말은 흔히 사용된다. 그런데 깊이 살펴보면 저마다 의미가 다르다.

보통 사용되는 "한 사람"이라는 표현은 "모든 사람을 한 사람 대하듯 사역하는 것"이다. 그런데 내가 이해한 바는 "정말 한 사람"이다. 언제부터인가 나는 매년 한 사람을 마음에 두고 사역을 한다. 그 한 사람이 자라나기 위해서 좋은 환경을 만들어 주다 보면 자연스럽게 주변에 있는 사람들도 자라난다. 여러 사람을 한 사람 대하듯 집중할 때는 나의 한계를 보았다. 그런데 한 사람을 위해 주변을 가꾼다고 생각하니 조급하지도 않았고 모든 것이 기뻤다. 나는 늘 사역을 하며 한 사람을 마음에 두었다.

대형 교회에서 사역할 때, 바쁜 사역 속에서 없던 제자훈련 사역을 만들었던 적이 있다. 옥한흠 목사님은 제자훈련 세미나에서 담임 목사가 목회 철학을 여기에 두지 않으면 교회의 근간이 바뀌지 않는다고 했다. 실제로 그랬다.

나는 제자훈련반 참여 인원을 클래식하게 여섯 사람 이상 받지 않았다. 그렇게 두 반을 만들어 운영하던 어느 날, 교회 식당에서 훈련 중이던 청년들과 식사를 하는데, 담임 목사님께 핀잔을 들었다.

"김 전도사, 100명씩 앉혀 놓고 가르쳐야지, 그렇게 귀한 시간을 몇 사람에게만 집중하면 어떻게 하나. 자네가 예수님도 아니고."

사실 목사님이 말씀하신 바를 십분 이해한다. 교회에 청년들이 많았기 때문에, 몇 사람에게만 집중된 제자훈련으로는 나머지 청년들을 돌봄이 어려워 보이는 게 사실이다. 그럼에도 제자훈련을 시작했던 이유는 단 한 사람이라도 예수님의 신실한 제자가 되도록 돕는 것이 사역이라고 생각했으며, 나의 역량 또한 그렇게 폭 넓게 이룰 수 있는 사람이 아니라는 것을 알았기 때문이다.

교회를 개척하고, 제자훈련을 본격적으로 할 수 있을 날이 올까 싶었다. 처음 1년은 교회에 방문자가 아무도 없었기 때문이다. 이후 성도들이 한두 가정 오기 시작했고, 성도들 마음에 제자훈련을 하고 싶어 하는 것이 느껴졌다. 가장 처음 시작한 제자훈련반은 한 형제님과 1:1로 진행해야 했다.

제자훈련은 4-6명 정도 되는 소그룹으로 보통 진행되는데 너무 많아도 나눌 시간이 부족하고, 너무 적어도 나눔의 유익이 아쉽다. 그런데 개척을 해 보니 형편이 되는대로 해야 하는 상황이라 1:1 제자훈련을 하기로 했다.

처음 오리엔테이션 때 형제님이 말했다.

"목사님, 저는 앞으로 여기서 저의 모든 것을 가급적 솔직하게 나누려고 합니다."

형제님은 변화되고 싶은 마음이 굴뚝 같았다. 우리는 매주 수요일 늦은 밤에 만나 제자훈련을 했다. 많은 시간을 진솔하고 편안하게 차를 마시며 이야기했다. 비록 코로나19로 방학을 길게 가져야 했지만, 2학기가 되었을 때 모임을 재개할 수 있었고 결국 수료할 수 있었다. 형제님은 주일 예배 후 자신의 간증문을 가족과 교회 앞에서 나눴다.

"저는 하나님에 대한 오해를 크게 하고 있었습니다. 첫째, 나의 행동이 하나님을 움직인다는 생각이었습니다. 둘째, 하나님이 사람들을 차별하신다는 생각이었습니다. (중략) 평소 마음속 깊이, 이만하면 괜찮은 사람이라는 생각이 있었기에, 문제가 생기면 남 탓을 하는 일이 많았습니다. 훈련을 마치고 나서 아내에게 물었습니다. "내가 좀 발전한 것 같아?" 아내는 일언지하에 "아니요"라고 말했습니다. 그때 알게 되었습니다. 아직 멀었구나! 이제 시작이구나! 다시 하나님을 바라봅니다. 저는 역시 하나님을 떠나서는 안 되는 사람이었고, 은혜를 간구해야 하는 사람이었습니다."

실제로 이후 형제님의 입에서 가장 많이 듣게 되는 단어는 '은혜'

였다. 복음을 충고가 아닌 은혜로 이해하게 된 것만으로 훈련이 참 의미 있었다고 생각한다.

형제님은 이제 겨우 방향을 잡게 되었노라고 말했다. 훈련은 제자가 되는 방향에 서는 것이지, 훈련이 제자를 낳는 것은 아니기에 말이다.

며칠 뒤 형제님의 아내 분에게 들은 얘기다. 그날 수료식을 마치고 형제님이 집에 돌아가서 아내 분에게 말했다고 한다.

"목사님을 만나서 참 다행이야."

작은 개척 교회지만 한 사람의 마음에 복음의 감격을 나눌 수 있기에 참 감사하다. 한 번에 한 사람씩 하나님이 맡기시는 현장, 그곳이 개척 교회다.

영혼인가 영업인가

개척 교회를 하니, 교회에서 상처받은 분들이 이따금 찾아와 하소연한다. 사실 그럴 때가 마음이 가장 복잡하다. 처음에는 그런 이야기들을 대부분 수긍해 주었다. 위로가 필요해서 왔으니 위로를 해줘야 할 것 같았다. 그러나 어느 순간부터 내 마음을 지키기가 어렵게 되었다. 다른 이유에서가 아니라, 내 안에 그분의 편을 들어줌으로써 나는 괜찮은 목회자이고 우리 교회는 건강한 교회라는 것을 어필하고 싶은 숨은 동기가 발견되었기 때문이다. 내심 우리 교회로 나오길 바라는 마음이 솔직히 있었다. 그런데 그 순간부터 상담은 중심이 흐트러지는 것 같았다. 영혼을 위하던 일이 영업을 위한 일이 되고 있었다.

영화나 드라마 속에서 스치듯 등장하는 간접 광고(PPL)의 핵심은 자연스러움이다. 시청자가 광고인지도 모르고 상품을 찾아보게 하는 것이 중요하다. 그런데 대부분의 간접 광고가 부자연스럽다. 간접이어야 하는데 욕심이 들어가니 직접 광고가 되어 버린다. 결과는 시청자의 찌푸러진 눈살이다.

영혼을 위한 일이 영업을 위한 일이 될 때 나의 머릿속은 분주하게 돌아간다. 최대한 직접적인 표현을 피하고, 간접적으로 돌고 돌아 이야기한다. 결론은 상대방이 찾아가야 할 교회는 우리 교회라는 생각을 스스로 갖게 하도록 하는 것이다.

이런 내 욕심에 회의감이 찾아왔다. 그런 상담 아닌 영업을 몇 번 하고 났더니 내가 목회자인지, 영업 사원인지 구분이 되지 않았다. 앞에서는 상냥하고, 뒤에서는 담배를 물고 한숨을 내뱉는 영업인의 마음 같은 것이 느껴졌다.

영혼을 대하고 있는지, 영업을 하고 있는지를 분간하는 방법은 내담자가 상담 후 내가 원한 결론에 달하지 않았을 때 느끼는 감정을 보면 된다. 나는 영업을 했다. 몇 번은 그런 영업을 통해 우리 교회를 나오겠다고 하는 분들도 있었다. 그런데 내 안의 동기가 끝내 불편하여 연락을 드렸다.

"가시고 나서 곰곰이 생각해 보니, 섬기시던 교회를 사랑하는 마음이 아직 보입니다. 계속해서 그 교회를 잘 섬겨 주세요."

영혼을 위한 일과 영업을 위한 일의 경계는 차선 간 점선처럼 어느 순간에 보면 넘어가 있는 경우가 비일비재하다. 그럴 때 필요한 것이 자리 지킴이다. 내가 서야 할 자리를 알고 돌아오는 것이다.

목회자의 자리는 고객을 내 손으로 늘려야 하는 영업 사원이 아닌, 맡기신 영혼을 돌보는 목자(shepherd)의 자리다. 다시금 기억하자.

영혼들은 우리의 영업(sales)을 필요로 하는 것이 아니라, 하나님의 구원하심(save)을 필요로 한다.

목회 유효 기간

얼마 전 교회 개척 3주년을 맞았다. 설교 후 마지막 찬양과 기도를 하면서 회중 앞에 이렇게 기도 제목을 나눴다.

"생각해 보니 교회 개척 3년이 별로 힘들지 않았습니다. 사람들은 힘들지 않았냐고 말하는데, 제가 한 게 있어야지요. 카타콤(예배실) 공사와 인테리어야 제가 좋아서 한 거니 할 말이 없고요. 저와 우리 가족의 예배를 회복시키시고, 사람들을 보내 주시고 제법 교회답게 만들어 주신 것은 하나님이셨더라고요. 사실 앞으로 2년? 3년? 앞이 잘 보이질 않습니다. 계획도 없습니다. 언제까지 이 자리에 계시라고 말할 권한도 없고요. 그렇게 바라는 것도 아닌 것 같습니다. 여러분도 예수님이 가라시면 또 가셔야죠. 편하게 가고 싶으실 때 가세요. 다만 예수님이 가라시면요.(웃음)"

그리고 함께 기도했다.

"주님이 허락하신 시간 동안 우리가 교회로 모인 이유가 확인되게 하소서. 우리의 심령이 회복되게 하시고, 문제들이 다뤄지게 하시고, 마침내 모든 것이 하나님의 섭리와 은혜였다고 고백되는 순간까지 인도해 달라고 함께 기도합시다."

3년을 왔다. 얼마나 더 가야 할까? 사실 몇 년을 더 할 수 있을지 잘 모르겠다. 10년, 20년은 내게 상상도 안 되는 시간이다. 당장 올해, 그리고 다음 해 정도가 희미하게 보일 뿐이지 그마저도 어떻게 될지 가 봐야 안다. 하나님께서 "여기까지"라고 말씀하실 때가 있을지도 모른다. 그런 의미에서 이미 3년의 시간은 내게 분에 넘친 축복이었다.

목회의 유효 기간이 있을까? 나는 있을 거라고 생각한다. 내가 고집한다고 계속할 수 있는 것도 아니고, 내가 목회를 하고 있다고 우겨서 될 문제도 아니다. 그러면 언제까지일까? 목회적 돌봄 관계가 마무리될 때까지다. 목회의 본질은 목양이다. 목양을 받는 분이 있고 도움을 드릴 수 있을 때까지는 하나님이 나에게 목회를 시키고 계신 것이라고 생각한다. 그런 의미에서 한 분이 남아 계셔도 목회를 할 이유가 있고, 천 명을 섬겨도 목회를 멈춰야 할 때가 있다.

우리 교회는 참 특이하게도, 매년 한 가정씩 찾아오고 있다. 물론 왔다가 떠나는 경우도 있다. 그럼에도 하나님께서 이따금씩이라도 보내시는 분을 보며 하나님께서 내게 맡기신 일이 있음을 생각한다. 이번 주일도 어김없이 우리 성도들을 본다. 하나님께서 같이 목회를 해 보자고 말씀하신다. 나는 그분의 부르심 앞에 감사함으로 다시 화답한다.

큐티하고 갈게요

정장을 입고서 십자가가 걸린 교회로 출근할 때는 내가 사역자인 것을 쉽게 인지할 수 있었다. 그런데 가정 교회로 개척을 하고, 이중직을 하니 주중에는 일터에 가 있고, 주말에는 집에서 예배하는데 가끔은 내가 무얼 하는 사람인지 헛갈릴 때가 있었다.

그래서 내가 붙잡았던 것은 큐티였다. 개척 후 아르바이트를 시작할 때부터 나는 늘 15분에서 30분 정도 먼저 도착해 차 안에서 말씀을 읽었다. 그 짧은 시간 안에 하루를 살아야 할 힘을 얻어야 했다. 내가 오늘 해야 할 일을 알아야 했다. 눈에 쌍심지를 켜고 말씀을 읽었다. 시험을 앞둔 학생처럼 뭐 하나라도 더 발견해야 했다. 벼락치기가 기억에 잘 남듯, 그 순간 메시지가 선명히 떠올랐다. 말씀을 붙잡고 잠시 직장에서 있을 일들을 위해 기도한다.

"하나님, 저는 목사입니다. 저를 이곳에 보내신 분은 하나님이십니다. 하나님께서 만나게 하시는 사람들을, 기업을 오늘도 잘 섬길 수 있게 해 주세요."

회사 앞에서 말씀을 읽다 보면, 그리고 그들을 위해 기도하다 보면 내가 그곳을 위해 부르심 받았다는 사실을 상기할 수 있었다. 덩달아 오늘 주어진 하루의 의미도 깨달아졌다. 말씀을 읽을 때 나는 그곳에 보냄을 받은 목사가 되었다.

회사에 다닐 때의 일이다. 직원들을 카풀하고, 회사 앞에 내려드렸다.

"대리님, 안 가세요?"

그날 나는 조금 더 용기를 냈다.

차 한켠에 꽂아 둔 큐티책을 들며 말했다.

"이것 좀 하고 갈게요. (웃음)"

동료들은 알겠다는 미소로 회사 앞 흡연 구역으로 가 담배를 태웠다.

바쁜 일상 속 우리는 쉽게 말씀 읽기를 후순위로 미뤄 두기 쉽다. 특히 성경을 오랫동안 읽어 오고, 가르쳐 온 목회자들이라면 더욱 말씀 읽기가 잘 안 될 수 있다. 어느 정도 안다고 생각하기 때문이리라.

사실 나도 말씀 읽기를 종종 놓친다. 한참 열심히 하다가 무슨 일이 있을 때 못하면 또 며칠이 훌쩍 지나가 버린다. 교회를 개척하고 보는 눈도 없다. 이중직을 할 때는 더욱 피곤하고 분주해서 말씀 읽기가 더 안 될 수도 있다. 그런데 그렇게 조금 미뤄 두면, 어느새 수개월 혹은 1년이란 시간이 훌쩍 지나버릴 수도 있다.

내가 목회를 위해 살아가는지, 생계를 위해 살아가는지 구분이 잘 안 될 때 다시금 중심을 잡는 방법이 하나 있다. 바로 말씀 읽기다. 특히 큐티가 참 좋다. 성경을 통으로 읽으면 분량이 많지만, 큐티는 하루에 정해진 분량이 적다. 가볍게 해설도 적혀 있고, 질문도 있다. 짧은 시간에 집중해서 메시지를 찾되, 하루하루 성취감도 있다.

교회 개척에 관한 글을 쓰면서 내게 위로가 되었던 말들과 순간들을 나눠 보고 싶었다. 그중 가장 큰 매일의 격려는 단연 하나님의 말씀이었다. 그분의 말씀을 읽을 때 그분이 주시는 정체성이 있다. 삶의 현장이 바쁘고 치열해 내가 무엇을 하는 것일까 답답할 때 큐티를 시작해 보자.

하나님은 분명히 당신을 지금 서 있는 그 자리로 부르셨다.

무덤 뒤에 숨은 형

중학생 때 일화다. 우리 집에는 권투 글러브가 있었다. 한번은 방학 때 친구가 놀러 왔다. 함께 권투 장갑을 끼고 놀다가 그만 내 코에서 쌍코피가 났다. 친구가 정면으로 얼굴을 때렸기 때문이다. 나는 코피가 나자 눈물이 핑 돌았다. 내가 화를 내자 친구는 더 화를 냈다. 지켜보던 우리 형이 친구에게 그만 집으로 가라고 했다. 나는 화가 단단히 났다. 차고에 걸린 샌드백을 주먹으로 연신 때렸다(우리 집은 시골이어서 온갖 잡동사니를 갖다 놓은 차고가 있었다).

형이 밖으로 나오더니 내게 말했다.

"그렇게 억울하면 불러서 정식으로 싸워 봐."

나는 형에게 솔직하게 얘기했다.

"내가 어떻게 이겨. 나보다 키도 훨씬 크고 힘도 센데."

형은 잠시 생각을 하더니 얘기했다.

"그러면 이렇게 하자. 우리 집 옆 언덕 위 무덤이 있지? 친구를 거기로 불러. 친구와 싸우자고 해. 형이 무덤 뒤에 숨어 있을게. 내가 보고 있다가 네가 만약 질 것 같으면 나와서 혼내 줄게. 그러면 되었지?"

"…정말…?"

"응. 근데 해 봐. 형이 있으니까 괜찮아. 정말로 네가 어려우면 도와줄게. 약속해."

며칠 뒤 나는 친구와 무덤가에서 결투를 벌였다. 이번에는 친구의 코에서 쌍코피가 났다. 아싸 내가 이겼다. 친구는 우리 집 화장실을 빌려 코피를 닦고 집으로 갔고, 형이 곧 무덤가에서 내려왔다.

"거봐. 할 수 있지?"

형이 웃으며 말했다.

"형, 근데 진짜 내가 지면 나오려고 했어?"

"글쎄. 근데 나는 네가 이길 줄 알았어."

사실 지금 생각하니, 어린 나이에 미성숙한 모습투성이다. 요즘의 시각으로 그 시절을 바라보니 참 너무했다. 그 친구에게도 지면을 통해 작게나마 미안한 마음을 전한다.

그럼에도 이 일화가 나에게 크게 기억에 남는 이유는, 결국 나는 형의 도움을 받지 않고도 나보다 큰 상대와 싸워 이겼다는 점 때문이다. 형이 무덤 뒤에 숨어 있다는 사실과 형이 해 준 약속이 가져다 준 담력 덕분이었다.

우리가 살아가는 현실은 나 자신의 체구보다 훨씬 큰 문제들이 가득하다. 쌍코피 터질 일이 너무나 많다. 여기저기 두들겨 맞을 때, 우리는 저항하지도 못하고 탄식하며 패배를 받아들여야 할 때가 있다. 나는 결국 안 되는 건가? 내가 무슨 하나님의 일을 한다는 건가?

그럴 때 하나님의 약속을 바라보았으면 좋겠다. 그분은 우리와 함께하겠다고 약속하셨다. 세상 끝 날까지 동행하겠다고 하셨다. 이제 무덤 뒤에 계신 주를 보자. 구름 뒤에 계신 주를 보자. 여차하면 그분이 나서실 것이다. 도우실 것이다. 모든 상황을 보고 계시며 당신의 처지를 다 알고 계신다.

이제 우리가 두려워할 이유가 없다.

갈지(之)자 걷기

"형님, 요즘엔 어떤 교회 개척 모델이 유행이에요?"

캐나다에서 잠시 들어온 동기 목사가 물었다. 곰곰이 생각해 보고 얘기해 주었다.

"교회가 교회를 개척하는 형태가 가장 좋대!"

"…"

말하면서도 내가 당황스러웠다. 누가 그걸 몰라서 안 하나? 형편이 안 되니 못하지.

교회 개척에 대한 좋은 모델, 좋은 방법은 수두룩하다. 너무나도 좋은 사례들은 도처에 널려 있다. 그런 사실들을 알고 있는 것만으로 나도 그런 류의 목사인 줄 알았던 때도 있었다. 그런데 막상 교회 개척을 해 보며 알게 된 것은 결국 그것 또한 사람이 어느 정도 있고, 돈이 안정적으로 뒷받침될 때 이야기라는 것이다.

누군들, 스타벅스 같은 1층 통유리 건물에서 향긋한 커피 향기 가득히 채워 가며 예배드리고 싶지 않겠는가? 나는 교회 개척을 하면 그런 곳에서 멋진 타악기를 두들기며 예배드릴 수 있을 거라 생각했다. 현실은 상가를 빌릴 임대료도 없고, 타악기는 재능이 없어 티테이블이 되어 버린다.

나는 소위 말하는 맨땅에 쌩으로 개척을 한 케이스다. 3년 전 빈손으로 나와 가정에서부터 아내와 예배를 드렸다. 응원하던 사람들도 하나 둘씩 떠나가고, 박수를 보내던 사람들이 어느새 무언의 침묵으로 주시하는 것 같았다. 관심에서 멀어졌는지, 사람들의 조롱거리가 되었는지 잘 구분이 되질 않는다.

한때 큰 교회들에서 사역할 때 나와 친했던 사람들은, 내 곁에 거의 남아 있질 않았다. 주류 사회에서 나와 비주류한 삶으로 들어섰으니 그분들의 눈에는 내가 이단아처럼 보일 수도 있겠다고 생각을 해 본다.

오랜만에 페이스북에 들어가서 과거 개척에 대한 일기들을 찾아보았다. 나는 금세 민망해졌다. 나는 내가 한 방향으로 쭉 왔다고 생각했었는데 나의 일기들은 매번 거창했고, 매번 번복되었다.

매 순간 진심으로 임하지 않은 적이 없고, 확신하고 고백했던 일들이 지나고 보니 엎어지고 뒤바뀐 게 한둘이 아니다. 교회 이름부터 시작해서 뭐 하나가 일관되게 유지된 것이 없다. 마치 범퍼카를 처음 타 본 사람처럼 좌충우돌의 시간이었다.

강원도에 가면 산길을 따라 좌우로 크게 굽이진 도로들이 나온다. 갈지(之)자 모양을 한 산의 도로를 장기간 주행하다 보면 살짝 멀미도 나고, 운전도 힘들고, 귀도 먹먹해진다.

아브라함은 부르심을 받았을 때에 '갈 바를 알지 못하고' 나아갔다(히 11:8 참고). 약속은 있었지만, 방향은 몰랐다(창 12:4 참고). 갈 바를 알지 못하고 간다는 것은 앞으로 좌충우돌의 시간이 펼쳐진다는 것을 의미한다. 그것은 때론 가슴속이 답답하고, 육체적으로도 고되고, 정신적으로는 내가 무얼 하고 있는지 매일 되묻게 되는 길을 가는 것이다.

요즘엔 어떤 교회 개척 모델이 유행일까? 글쎄, 사실 나도 잘 모르겠다. 그저 하나님께서 마음을 주셨으니, 그리고 나도 가 보겠다고 했으니 가는 것이지, 무슨 뾰족한 수가 있어서 교회를 개척하고 있는 것이 아니다.

가라고 하셨는가? 그러면 일단 가면 된다. 확실한 신념이 있는가? 그래도 가도 된다. 저마다 자기가 가진 하나님을 향한 열심을 내어 가 보면 된다. 가다 보면 도로 신념을 꺾고, 나의 호언장담을 뒤집는 일이 발생하게 된다. 흥미로운 것은 그렇게 행보를 옮기면서 점차 앞으로 나아간다는 것이다. 마치 하나님께서 아브라함의 걸음을 옮기셨던 것처럼 말이다.

"그가 그곳에서 여호와께 제단을 쌓고 여호와의 이름을 부르더니 점점 남방으로 옮겨갔더라" (창 12:8-9)

우리가 꿈꾸던 교회를 향해

교회 이름을 짓는 과정에서 여러 가지 아이디어가 떠올랐다. 중요한 것은 가치를 담아내는 것이었다. 나는 어떤 교회를 하고 싶었던 것일까. 그 고민을 깊게 하면서, 내가 결론 내릴 수 없다는 생각이 들었다. 목회는 결국 하나님께서 하시는 것이기 때문이기도 했지만, 그보다 내가 무언가를 결정해 놓기에는 나의 경험도 능력도 너무 부족했기 때문이다. 사실 오랫동안 교회 사역을 해 오면서 가졌던 생각이 있었다. 작게는 수 명에서, 많게는 수천, 수만 명이 모이는 교회가 어떻게 담임 목회자 한 사람의 비전에 의해서 좌지우지될 수 있을까 하는 의문이었다.

교회가 예수님의 몸이고 우리는 각기 손과 발이 된다고 말하는데, 사실 그렇다면 어떤 몸은 운동하기 적합하고, 어떤 몸은 노래하기 적합하고, 어떤 몸은 공부하기 적합하다고 보아야 하는 것이 상식이다. 몸의 체질에 따라 사역이 얼마든지 달라질 수 있는 것인데, 담임 목회자가 바뀌면 교회 전체가 바뀌는 일이 생기는 것은 어떤 현상일까?

나는 교회 공동체의 구성원들에 따라 교회의 모습이 바뀔 수 있다고 생각을 했다. 담임 목회자가 되면 구성원들을 놓고 우리 교회를 통해 하나님께서 하실 수 있는 일을 고민해야 한다고 생각했다. 내가 그리는 이상을 그대로 적용하는 것보다 그것이 몸의 기능을 더 잘 사용하는 것이라는 확신이 있었다. 그래서 함께 교회다움을 묻고 답하며 찾아가자는 의미에서 'Seekers Church(찾는 사람들의 교회)' 라고 이름을 지었다.

아내와 그렇게 이름을 짓고, 청년 시절부터 가르쳐 주셨던 멘토 목사님께 연락을 드렸다. 목사님은 교회 이름을 들으시고는 한마디로 말씀하셨다.

"무식한 분들도 한 번에 알아들을 수 있게 한국말로 지어."

가만히 생각해 보니, 맞는 말이었다. 한 번에 듣고 의미가 전해져야 하는데, 내가 겉멋이 들었나 보다. 영어를 잘 모르는 어른들은 더욱 거리감을 가지실 뻔했다. 나는 내친김에 목사님께 교회 작명을 부탁드렸다. 목사님은 잠시 고민 하시더니 답장을 보내주셨다.

"우리가 꿈꾸는 교회"

그리고 한 줄 더 설명을 붙이셨다.

"우리들이 꿈꿨던 교회, 하나님이 꿈꾸시는 교회, 열방이 꿈꾸는 교회."

신학생 시절, 목사님과 함께 건강한 교회를 꿈꿨던 때가 생각나

가슴이 데워졌다. 하나님이 꿈꾸시는 교회를 생각하니 눈물이 핑 돌았다. 열방이 꿈꾸고 바라 온 교회를 생각하니 가슴이 미어졌다.

그렇게 아내와 나, 그리고 두 어린 아들을 데리고 하기에는 너무나 거창한(사실 어울리지 않을 수 있는) '우리가 꿈꾸는 교회'라는 이름이 탄생했다.

친구들이 농담 삼아 얘기했다.

"자기가 꿈꾸는 교회야. (웃음)"

맞다. 그것도 틀린 말이 아니다. 그런데 나는 이상하게 '교회'를 생각하면 가슴이 뜨거워진다. 금세 눈물이 날 것 같다. 사실 교회를 사랑하는 사람들은 저마다 꿈꿔 온 교회가 있다. 교회를 개척한 분들도 그 마음이 있어서 출발했다.

때론 지치고 낙심케 되는 일이 있지만, 우리 다시금 그 꿈을 기억했으면 좋겠다. '우리들이 꿈꿔 온 교회', '하나님이 꿈꾸시는 교회', '열방이 꿈꿔 온 교회' 말이다. 그 가슴 벅참을 부여잡고 단 몇 사람 밖에 서 있지 않은 자리라 할지라도 포기하지 말고 계속 걸어나가자.

우리에겐 그 꿈이 있지 않은가.

하나님께도 그 꿈이 있으시다.

개척을 준비하는 친구에게

한번은 교회 사임을 앞둔 친구에게 연락이 왔다.

"앞으로 어떻게 할 계획이야?"

친구가 대답했다.

"교회를 개척하려고 해. 나도 집에서부터 아내와 함께 시작해 보려고."

친구는 교회 개척을 준비하는 자신에게 어떤 말을 해 주고 싶은지 내게 물었다.

"응. 누구에게도 기대하지 마."

정말 그렇다. 초기 교회 개척이 힘든 것은 기대감과 현실 사이의 간극 때문이다. 몇 명은 함께 시작하겠지, 장소는 이렇게 구할 수 있겠지, 내가 꿈꾸는 교회는 사람들이 기대하는 교회와 같기 때문에 분명히 마음 맞는 분들이 찾아오겠지 하는 생각에 현실은 이를 따라 주지 않아 사실 힘들었다.

"왜 이 좋은 교회를 안 오지?"

사실 지나고 보니 이런 것들은 개척하고 몇 년 후에나 경험할 수 있는 일들이다. 멈춰 서 있는 수레바퀴를 움직이기 위해서는 처음에 가장 많은 힘이 든다. 사람들은 나를 지나쳐 가고, 나 혼자만 느끼는 온 세상의 시선을 견디며 발동을 걸어야 한다. 겨우 조금씩 굴러가기 시작할 때라야 밀어 주는 사람도 생기고, 속도가 붙어야 동참하는 사람도 있다. 그것이 개척 교회의 현실이다.

사실 그것을 잘 몰랐기 때문에 초기 1년 동안은 이런 생각이 자주 들었다.

'나는 겨우 소박한 것을 꿈꾸고 있는데 왜 그마저도 안 될까?'

이런 생각들이 대인기피증을 만들었다. 쥐구멍에라도 숨고 싶은 심정이었다.

"사람들이 나를 좋아하지 않는구나."

그런데 알고 보니 그런 류의 문제가 아니었다. 사역자도 그렇지만 성도 중에서도 교회를 개척해 본 사람은 별로 없다. 그렇기 때문에 응원은 한다 해도 선뜻 동참하기 어려운 것이다.

"내가 할 수 있을까?"

개척 준비는 목회자만 필요한 게 아니다. 함께할 성도들 또한 준비되어야 한다.

나는 친구에게 4년 전의 나에게 해 줄 말이 있다면 이것이라고 했다.

"누구에게도 기대하지 마."

이것은 믿을 사람 하나도 없다는 자조 섞인 말이 아니라, 교회 개척은 결국 하나님의 영역이라는 것을 겸허하게 인정하자는 의미다.

나는 이렇게 덧붙였다.

"하나님이 이끄시는 것을 잠잠히 따라가 보자. 그 시간 동안 꿈을 사랑하지 말고, 함께하는 아내와 아이들을 사랑해 줘. 그게 첫 번째 미션이야."

가장 좋은 계획은 언제나 가장 좋은 사랑이다.

걷다 보면 길이 되고

모든 사람은 저마다의 인생에 있어서 가장 잘 산다. 누구도 그와 같은 상황에서 나는 더 잘 살아낼 수 있다고 말할 수 없다. 짧은 목회의 경험이지만, 끊임없이 찾아오는 비교 의식과 실패의 경험들이 내 마음을 옥죄어 올 때마다 나는 나에게 말한다.

"나의 삶에 있어서는 내가 가장 잘 살고 있다."

신대원 때의 일이다. 학교 벤치에 앉아 있다가, 고개를 돌렸는데 이름 모를 작은 나무가 눈에 들어왔다. 궁금해서 살펴봤는데 모든 잎이 저마다의 주름과 모양을 갖고 있었다. 같은 뿌리를 두고 자란 하나의 나무 안에서도 같은 이파리가 없었다.

아마 그 이파리와 똑같은 모양과 색을 띤 것은 세상 어디에도 없을 것이다. 그 생각에 미치자 지나가는 사람들이 고유의 색깔을 가진 것으로 보였다. 사람은 저마다 다르게, 다른 조건에서 태어난다. 그렇기 때문에 하나님이 우리에게 요구하시는 삶도 다양하고 풍성하다. 비교 대상이 아니기에 비교할 필요가 없다는 소리다. 하나님께서 우리를 그렇게 지으셨다.

하나의 악보를 바라보고 연주하는 재즈 피아니스트들도 저마다의 리듬과 선율로 음악을 재해석한다. 각자의 가치가 잘 드러나는 부분이다.

우리는 저마다의 인생에 있어서 가장 잘 살고 있다. 누구도 나와 같은 상황에서 더 잘 살아낼 수는 없다. 그러니 주변을 보며 뒤처지는 것 같고, 열매가 없는 것 같고, 빙빙 돌아가는 것 같고, 실패가 많은 것 같아도 낙심하지 말자.

당신은 그 삶을 가장 잘 살아내고 있다.

나는 여전히 교회를 꿈꾼다.

그 꿈이 나로 하여금 걷게 한다.

비록 거듭 넘어지고, 길을 해매겠지만

사람들이 물을 때 내가 드릴 대답은 한 가지다.

"교회로 가는 길입니다."

'예수의 길'이라는 찬양이 있다. 가사의 한 토막처럼 안개 자욱한 인생이지만, 그분의 손을 잡고 있다면 괜찮다. 누가 뭐라고 손가락질 해도, 그와 함께 걷는 길이라면 분명히 잘 가고 있는 것이다.

안개 속에서 주님을 보네
아무도 없을 것 같던 그곳에서
손 내미셔서 나를 붙드네
길 잃고 쓰러져 가던 그곳에서
주 말씀하시네 내 손 잡으라고
내가 곧 길이요 진리 생명이니
나 그 길을 보네 주 예비하신 곳
다른 길로 돌아서지 않으리
예수의 길 그 좁은 길
나는 걷네 주 손 잡고
그 무엇도 두렵지 않네
주님 주신 약속 내게 있으니
세상의 길 그 험한 길
승리하네 성령으로
그 무엇도 바라지 않네
저 하늘에 내 소망 있으니

〈예수의 길_His Promise' 2015 NKUMC Live Worship 중〉

에필로그

가끔은 걷다가 쉬어 가도

출간을 앞두고, 다시금 원고를 읽어 봤습니다.

'나는 나의 말을 책임질 수 있을까?'

집필 이후 많은 일이 있었습니다. 그 과정에서 낙심케 하는 일로 슬럼프에 들어가기도 했고, 중요한 결정을 해야 하는 순간도 있었습니다. 그때마다 그간의 글들을 떠올렸고, 가끔 원고를 뒤적거리기도 했습니다.

이 책으로 엮일 이야기를 써야겠다고 기획했을 때, 한 가지 바람이 있었습니다. 교회를 여전히 꿈꾸고 계신 분들께 작은 응원의 목소리가 되면 좋겠다는 마음이었습니다.

'그래! 다시, 교회다. 교회로 가자.'

그 마음을 먹으신다면 좋겠다고 생각했습니다.

지금 마지막 장을 펼치고 있는 분들께, 그런 일이 일어나고 있을까요?

본래 마지막 꼭지인 '걷다 보면 길이 되고'는 이 책의 에필로그에 해당하는 이야기였습니다. 그런데 한 가지 이야기를 더 해야 할 것 같아, 글을 적어 마무리를 지어 보려고 합니다.

바랐던 대로 되지 않으셔도 괜찮습니다.

말해 왔던 대로 되지 않으셔도 괜찮습니다.

중도에 멈추시더라도 그래도 괜찮습니다.

남해에서 사역하고 계신 한 젊은 목사님께 들은 이야기입니다.

교회에 나이 지긋하신 할머니 한 분이 오셨다고 합니다. 성격이 워낙 독특하셔서, 참 어려운 점이 많은 분이었다고 합니다. 이미 여러 교회를 돌고 돌아오셨고, 목사님은 그럴수록 정성껏 섬기며 더 많은 마음을 물심양면 표현했다고 합니다. 그런데 결국 교회를 한바탕 어지럽히고, 다른 교회로 떠났다고 합니다. 그리고 거기서도 얼마 뒤 같은 상황이 벌어졌습니다. 하지만 그렇다고 그 성도를 탓할 수만은 없는 게 목회자의 삶인 것 같습니다.

성도가 떠나면 목회자의 양복 안쪽에는 시퍼런 멍이 남습니다. 모든 것이 내 탓이라는 생각이 피하려고 해도 자꾸 드는 게 사실입니다. 큰 교회에서 작은 시골 교회나 개척 교회로 갔을 때는, 그런 어려운 한 사람마저 놓치지 않으리라는 마음이었기에 더욱이 충격이 잘 가시지 않습니다. 그런 면에서 성도가 교회에 실망하고 떠나는 일은 교회 크기와 상관없이 빈번하게 일어나는 것 같습니다.

그 목사님도 상심 속에 있을 때 한 선배 목사님으로부터 이런 이야기를 들었는데, 그게 그렇게 위로가 되었다고 합니다.

"목사님, 그 성도님은 목사님의 교회에서 품으셔야 할 분이 아니라, 이 마을에 있는 모든 교회에서 함께 품어야 할 분이랍니다."

저는 이 이야기를 듣고, 가스활명수(소화제)를 마신 것 같았습니다.

교회를 개척하고, 사역의 종착을 이곳에서 해야 한다는 부담감이 은근히 있었거든요. 말에 책임을 져야 하는 것이 아니냐, 이미 시작했기 때문에 아무리 어려워도 되돌리는 것은 그동안의 모든 것을 부인하는 것이 아니냐고 저 스스로에게 말하고 있었나 봅니다.

더불어, 짐을 덜어 드리려고 쓴 책이 제게 짐을 지워 주고 있다는 생각도 들었습니다.

'나의 말에 책임을 질 수 있을까?'

이것은 누군가에게도 같은 고민이 될 수 있는 지점이겠다는 생각에 짐을 덜어 드리려고 글을 씁니다.

복음은 우리가 하나님을 위해서 해야 할 무엇이 아니라, 하나님께서 우리를 위해서 행하신 무엇에 관한 이야기입니다. 그래서 복음은 기쁜 소식이며, 충고가 아닙니다. 그분께서 우리의 짐을 덜어 주셨습니다.

그러기에 우리가 그분을 위해 무언가를 해서 기쁘시게 해드릴 수 있다는 생각 보다는, 그분이 우리를 먼저 기뻐하셨기 때문에 우리가 그분을 향해 걸었던 것임을 기억해내는 것이 중요한 것 같습니다.

그러므로 이미 주를 향했던 모든 시도와 걸음들은 복음에 대한 아름다운 사랑의 반응이셨다고 말씀드리고 싶습니다. 그래서 충분합니다. 그러기에 때로는 잠시 쉬어 가도 괜찮고, 또 다른 시도를 하셔도 괜찮습니다. 그 모든 것은 교회를 향한 걸음입니다.

꽃이 바람에 흔들리는 것은 창조주의 지음과 돌봄을 찬양하는 아름다운 몸짓이듯, 하나님을 향한 우리의 모든 몸짓은 그 자체로 아름다운 예배가 되고 있다고 믿습니다.